Pedro González Blasco

JÓVENES ESPAÑOLES
2000

ACENTO
EDITORIAL

Diseño de cubierta: Alfonso Ruano / César Escolar

© Pedro González Blasco, 2000
© Acento Editorial, 2000
   Joaquín Turina, 39 - 28044 Madrid

Comercializa: CESMA, SA - Aguacate, 43 - 28044 Madrid

ISBN: 84-483-0509-4
Depósito legal: M-6062-2000
Preimpresión: Grafilia, SL
Impreso en España / *Printed in Spain*
Huertas Industrias Gráficas, SA
Camino Viejo de Getafe, 55 - Fuenlabrada (Madrid)

ÍNDICE

APENAS UNA ACLARACIÓN

Aunque ocupe su lugar, esto no pretende ser un prólogo. No lo «soporta» la apariencia cuantitativa (sin, en absoluto, prejuzgar la otra: cualitativa) de la colección. Es sólo una modesta clave de valoración del perfil de esos Jóvenes españoles 2000 de los que se ocupa el presente flash.

Para «prologar» (¡que no!) el texto de un catedrático de sociología, uno tendría que conocer a fondo la materia. Y no ocurre. Eso sí: por coincidencia laboral, uno viene siendo «editor», desde hace casi dos decenios, de los informes sociológicos de la Fundación Santa María. El autor (y coautor) más fijo y fecundo de tales informes (junto, sobre todo, con Juan González-Anleo, Francisco Andrés Orizo, Javier Elzo y algunos más) ha sido hasta ahora quien firma este libro.

Leyendo, poniendo comas y sustituyendo alguna palabra (o pequeña expresión) por otras que a uno le parecen más adecuadas, uno ha logrado asimilar algunas nociones de sociología de andar por el oficio.

Una de ellas, que las conclusiones a que llegan los sociólogos sobre temas tan, a la vez, concretos y escurridizos como los que suelen abordar —tal que Jóvenes españoles 2000— merecen tanto mayor crédito cuanto más representativas resultan las encuestas en las que se basan. Supuesto, claro está (y de eso hay ciento y una razones para no dudar en el caso concreto), el rigor metodológico de los análisis.

En el más reciente informe de la Fundación Santa María, publicado en septiembre de 1999, hay un extenso capítulo de Pedro González Blasco cuyo contenido coincide en gran parte con el de este flash.

Las dimensiones de esta colección (96 páginas; ni una más) no lo consiente. En ese otro informe, hay un amplio anexo documental en el que se transcriben los datos de la macroencuesta (3.853 entrevistas a jóvenes entre quince y veinticuatro años de toda España, incluidas las islas) y en el que se reproduce el cuestionario utilizado.

Garantizado el rigor metodológico, se alcanza, en los resultados del análisis que describe el perfil de nuestros Jóvenes españoles 2000, un nivel de confianza del 95,45 por 100, con un margen de error de ±1,61 por 100.

Hay, sí, que hacer una acotación que... ¡no faltaba más! La encuesta —lo dicho: con el patrocinio de la Fundación Santa María— se llevó a cabo en 1998. Cuando este libro fuese, que ojalá, por la séptima edición, hacia el 2003, los ex jóvenes de quince años rondarán los veintiuno (y la treintena, los de veinticuatro).

Con mayor razón unos que otros, podrán ya entonar aquello de Jóvenes... / ¡Éramos tan jóvenes...!

JOSÉ GONZÁLEZ

1

LA SOCIEDAD ESPAÑOLA ACTUAL

1.1 Introducción

No es posible entender a los jóvenes si se prescinde del contexto social donde se mueven. Conviene, por eso, incluir la descripción de algunas características de la sociedad española.

Se hará lo más brevemente que sea posible. Finalizado el milenio, una revisión sobre cómo es y funciona nuestra sociedad puede ser una aportación interesante para el lector. Si es cierto que los jóvenes se socializan mientras viven en una sociedad, esa sociedad es el término hacia donde converge el proceso socializador. Tratar de describir cómo es y cómo se mueve la sociedad actual implica un riesgo de simplificación extensivo e intensivo. Pero mejor es eso que callar, que no intentarlo y vivir al margen de lo que ourre a nuestro alrededor.

España se enmarca hoy en un contexto sociocultural, económico e ideológico básicamente europeo-occidental. La pregunta que se nos plantea es la siguiente: ¿Cómo están las sociedades europeo-occidentales? ¿Hacia dónde tienden? ¿Qué sucede en la sociedad española actual?

El contexto europeo-occidental está formado básicamente, sin descuidar especifidades de los países que lo integran, por naciones industrializadas, económicamente avanzadas, y se incluye en lo que suele conocerse como Primer Mundo, cuya distancia económica con otros mundos es grande. Muchas de las tendencias del contexto donde nos movemos difieren significativamente de las de países menos desarrollados, o del Tercer Mundo.

1.2 Racionalismo y sensaciones

En el mundo actual existe un predominio de la razón científico-técnica. Como reacción, se nota una creciente tendencia a valorar lo sensual, lo a-racional.

a) La razón científico-técnica

A pesar de las duras críticas de la Escuela de Frankfurt, lo cierto es que vivimos en un mundo en el que sólo lo experimentalmente comprobable tiene valor real. Lo no demostrable se considera accesorio. Lo real es lo «científico», que se constituye en criterio de verdad y en principio básico de la nueva ética que ha redefinido lo que es bueno o malo. Lo científicamente comprobable es lo útil, verdadero y bueno para el hombre de hoy. Este positivismo, aunque criticado, sigue vigente, y se renueva con matices, impregnando todo el vivir humano. Así, personas y cosas se valoran desde su utilidad. Si no son útiles, se prescinde de ellas. Dios y la religión, por no ser tangibles, se consideran por muchos un «lujo inútil». Ya no hay que creer; hay que saber. El horizonte limita lo humano, por encima de lo cual no hay nada. La técnica nos acerca la ciencia, haciendo más fácil y placentera la vida cotidiana. Aquélla hace aprovechable lo que ésta hace posible. El resultado es un mundo con grandes logros e inusitadas expectativas, pero un tanto anónimo, desidentificado, poderoso y temeroso a la vez. Universal, pero insolidario. Un mundo más bello y confortable para algunos, y cada vez más feo e inhóspito para otros. Un mundo ambiguo y, en sus líneas básicas, construido fuera de los antiguos ámbitos, al margen de toda referencia trascendente.

b) Tendencia a valorar lo sensual, lo arracional

Paralelamente al proceso anterior de asentamiento y hegemonía de esa «razón científico-técnica», se inició otro proceso de duda en el valor de esa razón tal-como-se-usa. Este segundo movimiento ideativo y social, aunque débil, va poco a poco adquiriendo fuerza y reduciendo algo ese dios de la razón científica. Se aprecia como una reacción un tanto a-racional que compensa la excesiva y hegemónica «racionalización» de nuestro mundo. Es un contrapeso a lo racional, al orden, al pensar. Constituye como la otra cara de la moneda de la racionalización y el «desencanto» del mundo que indicó M. Weber. Así, también la persona actual de nuestro contexto cultural:

1) busca un placer sobre todo emocional, sensible, polisensual; 2) procura, en su vida privada y en sus ocios, unos gozos sensitivos; 3) quiere experimentar sensaciones corporales de placer; 4) tiende a un disfrute inmediato, un tanto alocado, no-pensado; 5) le gusta la aventura física (lo no-pensado ni planificado); 6) tiene tendencia a un placer rápido, sin contraer compromisos de ningún tipo; 7) busca evasiones sen-

sitivas, riesgos excitantes, sobre todo físicos (velocidad, *puenting...*); 8) se siente atraída por la novedad, lo desconocido, las situaciones nuevas, las sensaciones aún no experimentadas; 9) quiere experimentar todo lo más que pueda, aprovechando cualquier cosa que sea fuente de emociones.

1.3 Expansión del Estado y de la sociedad civil. Crisis del Estado del bienestar

a) Expansión del Estado y de la Sociedad civil

La capacidad de intervención de los estados modernos se amplía. Sus aparatos, agentes, estructuras, medios de comunicación, su control sobre los ciudadanos se perfeccionan y profesionalizan. Los espacios públicos se amplían continuamente al calificar de servicios públicos áreas determinadas (televisión, radio, enseñanza...), y así someterlos a su patronazgo y control. Por otra parte, las sociedades civiles van organizándose cada vez más. En el caso español, el proceso de articulación y fortalecimiento del entramado de instituciones socio-civiles es aún lento y está costando, pero poco a poco se realiza (PÉREZ DÍAZ, V., 1987). Empresas, patronales, sindicatos, universidades y medios de comunicación privados, fundaciones, grupos intermedios (periodistas, médicos, artistas y otros), y, en general, las estructuras civiles entre el individuo y el Estado se van fraguando. En ese contexto, las Iglesias, jerarquía y fieles, se van a encontrar gradualmente más presionadas entre las pinzas de esa tenaza (Estado-Sociedad civil), cada vez más fuertes ambas, lo que las pondrá en riesgo de cierta marginación. Muchas obras asistenciales, educativas, etc., de la Iglesia católica, por ejemplo, están siendo sustituidas por profesionales jerarquizados en instituciones oficiales o civiles. Posiblemente, los servicios sociales que deberá prestar la Iglesia cambiarán de signo, hacia los más marginados, hacia los nuevos necesitados de esa nueva sociedad.

En relación con lo anterior, se va detectando cada vez más claramente que los Estados se ven desbordados por las crecientes demandas de servicios sociales (sanidad, pensiones, educación, transportes públicos, etc.) de sus propios ciudadanos. Esas demandas no son sólo de cantidad de servicios públicos, sino cada vez más de calidad de los mismos. La presión fiscal de los gobiernos, aunque ha ido en aumento, no cubre los crecientes gastos, y así, en varios países se ha optado por reprivatizar servicios públicos o empresas estatales, devolviendo protagonismo a la sociedad civil. En cualquier caso, se trata de un traspaso de fuerzas, pero ambas —Sociedad y Estado— son los pivotes del proceso social.

1.4 Consolidación del sistema económico en un neocapitalismo seguido por cualquier opción política

En España, al igual que en los países de nuestro entorno, sigue vigente la economía de mercado, asumida básicamente también por la izquierda. Es un factor fuerte, poco permeable, con su dinámica propia basada en la productividad, utilidad, consumo de masas y capitales, y un uso potente de medios de comunicación y propaganda para garantizar mercados más amplios. Ofertará más y mejores bienes de consumo, y dará, a un número de personas cada vez mayor, sensación de bienestar. Alternará, según situaciones, la preponderancia de los dos polos de la economía mixta: lo público entreverado con lo privado, pero con la filosofía unitaria apuntada. Sus consecuencias serán:

1) seguridad mayor y bienestar en países ricos como el nuestro, cada vez a más distancia de los países pobres; 2) valoración del dinero como instrumento de poder, estatus y posibilidades de disfrute, junto a su carácter de motor social; 3) consumismo selectivo, somatizado, pero poco humanizante; 4) predominio del ocio y del hedonismo, satisfacciones inmediatas y máximas; 5) disminución de la solidaridad social; 6) mundo más accesible para triunfadores, hosco y difícil para los perdedores; 7) se facilitará el trabajo físicamente pesado para hacerlo más llevadero; por otra parte, el trabajo irá cambiando su sentido y funciones; 8) se irá creando un mundo donde se detectan más y mayores bolsas de marginación económica, social y cultural (el llamado Cuarto Mundo); 9) es probable que se produzcan mayores desigualdades entre regiones ricas y pobres, aun en un mismo país (caso de España), y entre países de la misma área cultural, aunque la pertenencia a una Europa unida palíe estas desigualdades.

La profunda crisis económico-política, con la práctica liquidación del sistema colectivista de producción en la URSS y su ya antigua zona de influencia de países satélites ahora emancipados (la llamada Europa del Este), parece haber dado el triunfo al neocapitalismo de nuevo corte neoliberal, lo que ha hecho que algunos (FUKUYAMA, 1996) hablen ya de un «fin de la historia», al haberse llegado en «este mundo avanzado» a una generalización de lo democrático-liberal como ideología pragmática. De hecho, la caída del muro de Berlín planteó más neta y aceleradamente en nuestro contexto el reto de construir la nueva Europa. La amenaza de una hegemonía neoliberal en lo económico y de una democracia de semejante corte, sin contrapeso alguno, puede constituir una realidad un tanto aplastante.

1.5 El reto de la construcción de una Europa unida

Esta tarea, clave en el devenir inmediato, parte de dos hechos: *a)* la existencia de la Europa Comunitaria, creada por el Tratado de Roma (Mercado Común Europeo), y *b)* la desaparición del muro de Berlín, emancipándose los países del Este europeo y unificándose las dos Alemanias. Estos hechos han supuesto:

1) libertad y democracia para millones de personas que vivían bajo regímenes de partido único y de libertades muy restringidas; 2) mayor apertura de derechos humanos a millones de ciudadanos; 3) la liquidación práctica de la guerra fría y de las dos Europas; 4) la necesidad de rehacer las economías, casi deshechas, de los países de la Europa del Este, lo que exigirá recursos económicos muy importantes; 5) la integración en democracia de los ciudadanos de esos países; 6) la necesidad de encontrar unas bases ideativas y morales para que se pueda construir sobre pilares estables la nueva Europa unida; 7) la convergencia cultural, religiosa y social de esas dos antiguas Europas, separadas tantos años, considerando que la Europa occidental está cada vez más secularizada.

Todo ello va a constituir un reto importante para los europeos, especialmente para países como España, aislada durante muchos años del proceso. La moneda común, el euro, es ya un paso cierto, pero lo importante es hallar las bases ideativas, los principios básicos, aceptados por tantos países y sociedades europeas, cuando el cristianismo-catolicismo está sufriendo un desgaste muy significativo, lo que, en buena medida, lo está marginando de ser y de constituir el espíritu unificador de la vieja-nueva Europa. La débil filosofía pragmática del neoliberalismo no parece que sea suficiente ni válida para dar sentido a esa Europa. El problema no es fácil y no se resuelve con un mercado común.

1.6 Ampliación del proceso secularizador

En esta característica incluimos una serie compleja

y amplia de dimensiones sociopolíticas que afectan al conjunto de toda la sociedad. Lo religioso ha dejado de ser eje de la actividad humana. Tampoco se verá como legitimador de posturas políticas.

Cada área de actuación —lo político, lo económico, etcétera— se centrará en sí misma en una curiosa autarquía, reclamando en su propio espacio reglas diferenciadas y principios únicos de actuación. Así, por ejemplo, se tenderá a considerar lo económico como autónomo, regido por su principio de utilidad. Se tenderá, también, a considerar lo político como diferente de lo demás, regido por el principio de poder-dominación.

En esa dinámica se procurará reducir lo religioso, la Iglesia, a su ámbito específico, lo sagrado, marcado por el principio de la gratuidad y de lo trascendente, con poco relieve social y escasa valoración. La voz y presencia de las organizaciones y personalidades católicas y, en general, religiosas tenderán a ser silenciadas como no relevantes o significativas en este mundo más secularizado. La visibilidad de lo religioso será escasa en la perspectiva de lo público.

1.7 Envejecimiento de la población

Es otro de los hechos con impacto socioeconómico a corto y medio plazo. Desde el punto de vista demográfico, casi se ha paralizado el crecimiento, en términos absolutos, de la población española. Esta tendencia comprende:

a) la baja continuada del número de nacimientos; b) existencia, de hecho, de un control de la natalidad; c) la ampliación de la esperanza de vida, ahora entre setenta y cinco-ochenta y dos años, según lugares y género; d) no reemplazamiento de la población (crecimiento cero, o bajo cero). Si la tasa, para que se dé el simple reemplazo de la población, es de 2,1 hijos por matrimonio, hoy se está rondando el 1,0 hijos/matrimonio aproximadamente, dependiendo de varios factores. En algunas zonas del país estamos con una tasa de reemplazo que ronda el 0,7, es decir, que no llega ni a un hijo por pareja, con lo cual ni la mitad (una persona) de esa pareja será reemplazada; e) mayor peso relativo de las personas ancianas en el total de la población; f) pérdida de peso relativo de los países de este contexto geográfico, socioeconómico y cultural respecto a las poblaciones del llamado Tercer Mundo, con un desarrollo demográfico alto, lo que va a constituir una presión grande del desplazamiento de personas emigrando a países ricos y de viejos; g) feminización de la población, dada la mayor tasa de mortalidad de los hombres en relación con las mujeres. Esta feminización se está dejando ya notar en varias ocupaciones; *h)* problemas crecientes de ocupación del ocio y del empleo del tiempo libre de los jubilados; *i)* incremento de demandas económicas públicas para poder atender la creciente población de no activos que debe sostenerse con una población decreciente de personas activas; *j)* serios problemas o quiebras técnicas en las economías de algunos servicios públicos desbordados en sus previsiones, especialmente el sistema sanitario y el de pensiones; *k)* consolidación del grupo de población llamado de la tercera edad, como un grupo con bastantes años de vida por delante; con demandas específicas de diverso tipo; en general, conservador ideológica, social, política y religiosamente. Industria y comercio orientados hacia este sector; *l)* la población ve que sus límites de vida se alargan (viven más personas más años) y, a la par, quiere olvidar el límite de la muerte, alargando las formas jóvenes de vivir; *m)* cambios en la mentalidad para afrontar el hecho de la muerte, a la que se trata de hacer neutra, aséptica, un hecho sin mayor importancia; *n)* ante el envejecimiento de la población propia, en varias naciones se incorporan trabajadores de otros países, lo que ha producido, entre otros, algunos efectos no deseados, tales como brotes de racismo nacionalista, aprovechados políticamente.

Este hecho de la revolución demográfica (ESCUDERO PEREDA, S., 1993: 171) necesitará respuestas abiertas y generosas por parte de los países ricos, pero esto está lejos de ser así. En gran parte, el verdadero problema no es sólo demográfico, sino de solidaridad humana.

1.8 Ruptura de la unidad de la persona

Sin entrar en la polémica modernidad-posmodernidad, el hecho es que las sociedades actuales son resultado de la confluencia, entre otros, de cuatro ámbitos básicos: del dinero, del poder, de las ideas y de las relaciones, como han puesto de manifiesto algunos pensadores.

En cada uno de ellos se ha establecido un cierto orden de funcionamiento, que gira y se justifica en torno a un principio orientador:

En el ámbito del dinero, impera un *orden económico* que fundamentalmente se rige por el principio de la eficacia para obtener beneficios. Este orden se articula en unas estructuras, básicamente jerárquico-burocráticas, y dispone de sus propias leyes para operar en su entorno.

En el ámbito del poder, se establece un *orden político* regido por el principio de legitimidad; es decir, de ser jurídico socialmente aceptado, tiende a buscar cada vez más

Ruptura de unidad personal al vivir en cuatro mundos

Ámbito	Orden	Principio	Estructuras
✓ Dinero	✓ Económico	✓ Eficacia	✓ Propias burocráticas
✓ Poder	✓ Político	✓ Legitimidad	✓ De participación
✓ Ideas	✓ Cultural	✓ Gratificación Autorrealización	✓ Sancionadoras Otorgadas de estatus
✓ Relaciones	✓ Social	✓ Comunicación	✓ Relacionales

Dificultad de compatibilizar los cuatro principios

la igualdad posible entre los miembros de la sociedad. Se articula en estructuras de participación (parlamentos, cortes, cámaras...). Su mayor problema interno es ver cada vez más dominadas sus decisiones políticas por las razones técnicas. Es lo que los pensadores de la Escuela de Frankfurt llaman la «moderna tecnificación de la política».

En el ámbito de las ideas también existe un cierto *orden cultural*, establecido en torno a algunas culturas dominantes o hegemónicas. El principio básico que rige el quehacer de los llamados intelectuales o elaboradores-manipuladores de las ideas es el principio de autorrealización y de la gratificación personal.

En el ámbito de las relaciones o de la vida cotidiana, las personas se rigen por el principio de la *comunicación*.

Al interrelacionarse estos ámbitos, los cuatro principios en que se sustentan —eficacia, igualdad, autorrealización personal y búsqueda de comunicación humana— se entrecruzan, chocan y plantean confusionismo a las personas concretas que se debaten en esos cuatro mundos.

El problema es que no pueden lograrse, sin tensiones y a la vez, la eficacia de unos resultados económicos, la mayor igualdad para todos y la satisfacción de cada individuo, su autorrealización personal y una relación comunicativa, cálida y personal.

1.9 Vida humana y manipulación biotecnológica

Este problema se apunta cada vez más como clave para el futuro. La persona humana se encuentra hoy, por primera vez en la historia, y debido a los avances de las ciencias biológicas, con que es posible modificar o actuar sobre la propia composición genética de la vida humana.

Esto abre posibilidades casi insospechadas que pueden resultar muy positivas para la humanidad, pero que, a la vez, pueden significar una manipulación negativa de los seres humanos. Los problemas relacionados con la vida y su tratamiento biológico-médico constituyen uno de los grandes retos que nos aguardan, sólo apuntados hoy, pero cuya trascendencia no puede escapar a nadie medianamente sensible. Hoy se habla de la eutanasia, se da ya por sentado en nuestras sociedades el divorcio y, en buena parte, el aborto, pero todo ello no parece estar desconectado: hay una cadena lineal que relaciona entre sí varios hechos sociales emergentes, de crucial importancia. Hoy se está en los albores de esa ingeniería genética que asusta a unos, recibe efusivas adhesiones de otros que sólo ven progreso en sus logros, pero que a todos, como seres humanos, nos debe interrogar, puesto que a todos nos afecta y se inserta en el propio ser de la gran familia humana. Encontrar, desde las perspectivas que sean, religiosas o agnósticas, unas líneas éticas que salvaguarden la identidad de los humanos como tales, su libertad, su derecho a nacer y a morir dignamente, es algo que, si no se resuelve, no permitirá evolucionar a nuestras sociedades.

Nos encontramos, pues, frente a la necesidad de descubrir una moral reguladora de la biotécnica y de lo que ya se denomina «ingeniería genética». (GAFO, J., 1993: 191).

1.10 Otras tendencias

Se pueden señalar una serie de tendencias relacionadas con los comportamientos y actitudes de las personas de nuestro contexto cultural, que marcan las relaciones sociales y van determinando de hecho, en el día a día, nuestra identidad.

1.10.1 Mayor apertura a las relaciones sociales «débiles»

Esta tendencia comporta:

1) la búsqueda de relaciones más espontáneas y directas; 2) la creciente valoración de «grupos confortables» en los que se puedan compartir experiencias o cambiar impresiones; 3) la necesidad de evitar un aislamiento social, de no sentirse marginados de los demás; 4) cierto rechazo de convencionalismos sociales (formas de saludo, respeto a superiores, trato padres-hijos, abuelos-nietos, etc.); 5) menor diferenciación de los papeles sociales de hombres y mujeres; 6) tendencia a que se acepten legal y socialmente algunos tipos de relaciones humanas hasta ahora consideradas como públicamente inaceptables, tales como las homosexuales y lesbianas; 7) que no se acepten las normas

por ser normas; cada vez más, en el mundo relacional hay que procurar convencer, no sólo mandar; 8) esta misma apertura a lo social sin compromiso fuerte lleva a gastar dinero y tiempo en relacionarse con los demás, lo que implica menor tendencia al ahorro y una menor valoración de la austeridad y el sacrificio. De hecho, lo que se busca son unas relaciones sociales gratificantes, pero que no exijan compromisos serios.

Las personas son conscientes de su propia diversidad y de la necesidad que tienen de relaciones públicas. Por eso buscan conexiones sociales, pero sin que éstas supongan:

a) cargas u obligaciones; *b)* sacrificios económicos o psicológicos (no involucrarse en problemas de otros); *c)* cualquier cosa que empañe el puro disfrute del momento de estar con otros.

Esta misma tendencia es una forma de depender de los demás sin depender seriamente de nada ni de nadie. Por eso se buscan conexiones sociales, con mucha gente, sin comprometerse con nadie. Las múltiples relaciones débiles son la manera de estar con todos sin sacrificarse por nadie. La pauta prevalente de conducta hace que se vaya perdiendo capacidad de identificación con las grandes colectividades más

abstractas, como la nación, el proletariado, los pobres. Así se buscan arraigos e identidad en las subculturas restringidas (mi grupo de amigos, mi ciudad, mi provincia, mi pueblo, etc.), haciendo que crezca un cierto localismo que se une a un mundialismo, perdiendo fuerza instituciones intermedias, como naciones o zonas.

La gente busca relaciones cálidas, humanas y gratificantes en grupos pequeños —huecos afectivos, familiares, culturales o étnicos—, y se aleja de las grandes colectividades.

Estas tendencias van creando un tejido social bastante superficial, donde se dan muchos conocidos pero casi ninguna verdadera amistad. Es la realidad de una soledad en muchedumbre. Por otra parte, se genera una insolidaridad de fondo con los problemas ajenos y una red de asociaciones blandas, no exigentes, que se basan en lazos afectivos no duraderos ni profundos.

Por otra parte se crea la necesidad de contar con espacios de encuentro (reuniones, tertulias, etc.), pero sin que esto refuerce las asociaciones de compromiso fuerte, como partidos políticos, sindicatos, asociaciones religiosas.

Finalmente, estas tendencias pueden producir grupos cerrados en los que se piense casi igual, y no se interrelacionen opiniones ni posturas divergentes, donde un monólogo de iguales sustituya a un diálogo entre diferentes.

1.10.2 Crecientes autorrealización y autoexpresión

Es otra de las tendencias que hoy se ha moderado algo pero que aún sigue vigente. A su vez, comporta otra serie de pautas de comportamiento y acción que son importantes para determinar lo que es nuestra sociedad.

Así, se detecta una mayor preocupación por la salud, el confort mental, el agrado psíquico, y se tiene menor cuidado respecto a lo que los demás esperan de ti. El cuidado de la propia persona se expresa también en la búsqueda de medios para manifestar más libremente su personalidad.

Lo anterior se integra con el deseo creciente de autoindagarse, de conocerse mejor para hacer lo que se desea y saber por qué se hace. A la vez para que, conociendo mejor los propios fallos, pueda uno mismo defenderse de los demás, ocultándoles las carencias personales. Lo anterior conlleva casi necesariamente unas demandas crecientes de más espacios de libertad. Por ejemplo, en el trabajo profesional, para poder así hacer las cosas con un sello propio.

En el mismo sentido, el trabajo va dejando de ser un fin en sí mismo (el deber de trabajar desciende como deber), y o bien es sólo un instrumento para ganar dinero o prestigio, o se toma como medio para autoexpresarse, para realizarse uno mismo. Cada vez se trabaja más por necesidad (con poco disfrute) y se buscan otros ocios donde realizarse personalmente. La persona actual trata de autorrealizarse desde su propia identidad, desde lo que cree que es y puede, desde lo que le gusta hacer. La profesión y el trabajo cotidiano se consideran cada vez menos un medio para realizar las cualidades y deseos personales. En este contexto sociocultural crece el número de los frustrados con el trabajo que hacen.

En nuestra sociedad se busca individualizar con sentido personal lo común, rechazando lo general, lo que todo el mundo tiene que hacer. Personalizar las cosas, es decir, darles un toque personal, se enmarca también en esta tendencia de autoexpresividad. Consecuencia, en parte, de esta tendencia es un consumo creciente de todo tipo de bienes, porque se busca más el confort, y el comportamiento de consumo de los demás estimula el gasto propio. Contando, además, con que el mismo mercado presiona para que se consuma. En el consumir no importa tanto el estatus social sino la satisfacción más inmediata, y realizar deseos personales de tener cosas que gustan.

Finalmente, hay que señalar aquí que en nuestras sociedades se confía poco en el futuro, y por ello se ahorra poco y se aprovecha el presente, lo que ha llevado a un cambio de sentido del ahorro, que hoy se hace con fines diferentes del pasado. Hoy se ahorra a corto plazo y para cosas concretas, como cambiar de coche, ir de vacaciones, arreglar la casa, etc. Ahorrar a largo plazo para cosas más generales, como dejar un futuro asegurado a los hijos, no se lleva, porque no se puede, y porque sería poco eficaz.

1.10.3 Carencia de marcos referenciales significativos

Muchas personas, en la actualidad, no tienen marcos ideativos ni creencias profundas. Carecen de una filosofía integral de la existencia, o de una religión con cuyas creencias poder afrontar el cúmulo de incidencias de lo cotidiano o la gran cantidad de información que reciben. Carecen de una visión global del mundo, y no saben qué significan las cosas que suceden ni les encuentran sentido. Al carecer de marcos globales explicativos, no son capaces de articular en algo coherente las noticias que reciben continuamente, quedándose en lo puramente anecdótico o superficial, con un mosaico de hechos o noticias sin unir. Son personas «troceadas» por una información no convertida en cultura. Así, hoy son muchos los que se emborrachan de noticias que no son capaces de digerir, por lo que no se puede decir que estén bien informados. Las personas constatan su desfase al no entender lo que realmente está pasando en el mundo y se sienten cada vez más puros espectadores de un mundo que no comprenden.

En cierto modo, como reacción a lo anterior, algunas personas se dedican a criticar lo que está pasando en su sociedad, en el mundo, sin hacer prácticamente nada más. Por otra parte, los medios de comunicación, sobre todo la televisión, narcotizan con sus mensajes y noticias múltiples, bien elaborados, pero que no aportan sentido. Son sólo flases informativos, difíciles de integrar en un todo inteligible con significado. Ante esa carencia, muchos se buscan contextos ideativos o sociales reducidos en los que se refugian. Esos pequeños ámbitos culturales o sociales se circunscriben a lo privado, a lo ya conocido, a los que piensan igual que ellos. Así se encierran prácticamente en pequeños círculos donde se encuentran a gusto y desde donde ven lo que pasa fuera, en el mundo, pero inoperantes, hacia los que no son de los suyos. La sociedad se fragmenta, lo que puede producir oposiciones duras, sin relaciones. Fruto de todo lo anterior es el énfasis puesto en tendencias tales como atribuir cada vez más importancia a lo individual (individualismo) y, por tanto, valorar más lo que pertenece a la esfera privada.

El aumento de la sensibilidad hacia los ambientes de vida gratos conlleva más confort, mejores pisos, equipamiento doméstico en alza, así como interacción con grupos de amistades entre iguales. Al separar cada vez más la conducta privada de la pública, se tiende a actuar distinto: en una se es más rígido moralmente, porque importa más, y en la otra se es más permisivo, porque importa poco lo que pasa fuera.

El individualismo y la privatización van conformando un cierto escepticismo hacia los demás, buscándose cada uno su propia ubicación, sin considerar que a través de lo colectivo, de una acción conjunta, se pueden lograr resultados reales. Esto contribuye aún más a la pérdida de las utopías y los sueños colectivos.

1.10.4 Valoración de lo natural

Por poco observador que se sea, se detecta fácilmente que, al menos de palabra, a la gente le interesa, e incluso le preocupa, la naturaleza. Las personas, cada vez más «urbanitas», buscan volver de cuando en cuando a los espacios naturales, a los ambientes rurales. Es una pauta que se mezcla con la vuelta a las raíces, a la tierra de la que muchos son originarios, al pueblo del que proceden.

Hoy se valora al alza la ecología, el cuidado de la naturaleza y el respeto de los ecosistemas, a la par que se rechaza un cierto tipo de desarrollo industrial a gran escala, depredador del medio ambiente. Hay búsqueda de una vida más humana para las personas en general, a la vez que se procura más armonía entre esta y otras biosferas (plantas, animales). Lo anterior orienta también las aptitudes humanas hacia una mayor valoración de lo simple, lo natural, lo afectivo y lo caliente, frente al frío industrialismo y su burocracia, sus normas y su cientifismo pragmático y funcional.

En la misma línea, se quiere más lo pequeño, lo cercano. Se rechaza el colosalismo y lo impersonal. Buscando lo espontáneo y natural, se acepta cada vez menos un tipo de contextos relacionales donde imperan ciertas apariencias. Se trata de evitar unas apariencias, aunque se cae en otras nuevas. En este sentido más profundo y auténtico se considera a la persona humana como parte de un ecosistema completo y, por tanto, necesitada de relacionarse solidariamente con las necesidades de los otros moradores de la tierra.

1.10.5 Hedonismo y permisividad

Se manifiesta en nuestro contexto sociocultural un alza del hedonismo, así como de la permisividad social. Como consecuencia de ello,

el placer se busca en todo y, a veces, cueste lo que cueste; el mismo placer se está convirtiendo en criterio valorativo de cosas y personas (lo que me da o no placer, me vale o no me vale); se seleccionan cosas, y aun personas, y se las identifica, según lo sensible-placentero-corpóreo; por eso, la propaganda se dirige más a excitar que a probar racionalmente lo que ofrece; se busca más mover el corazón, el gusto, el cuerpo del consumidor que razonarle la utilidad de muchos productos; los gestos llegan más a los otros que las razones que se les digan; lo audiovisual gana a la palabra y transmite, en general, pautas de comportamiento valorativas de lo lúdico, del hedonismo, e incluso de cierto

narcisismo; atrae mucho lo emocional, existencial, vital, experimental, lo secularizado; se vive más y más al día presente (presentismo, momentismo); crece una tolerancia hacia cosas, hechos o personas, pero, en buena parte, ese espíritu de tolerancia nace de la indiferencia hacia los demás y es un mecanismo de autodefensa propia: «Haz tú lo que quieras para poder yo hacer lo que quiera».

Se admite cualquier cosa que hagan los demás. Casi todo está socialmente tolerado y aun públicamente admitido. Una permisividad que, en algunos aspectos (sexualidad, manifestaciones antirreligiosas...), es incluso más amplia en países como España, hace más o menos una década muy estricta y rigurosa.

1.10.6 Influencia de los medios de comunicación

Los avances tecnológicos han procurado a los medios de comunicación de masas (MCM) una fuerte capacidad de penetración en todo el tejido social. El creciente poder de esos medios hace que incidan, positiva o negativamente, en la práctica totalidad de los aspectos de la vida social. Controlarlos es una de las luchas empresariales más duras de nuestros tiempos, y existe una tendencia a la concentración de esos medios de comunicación en unas pocas empresas internacionales y hasta multinacionales.

Se ha producido una cierta desconexión de esos medios, especialmente de la televisión, de algunas realidades sociales. Los mismos medios crean sus propios productos y los transmiten a sociedades que son, en gran parte, creación de tales medios. La ética de los profesionales de esos medios busca adaptarse a las nuevas situaciones que surgen, pero en general existe un desfase entre la ética remanente y los hechos. Los medios suelen reforzar las tendencias socioculturales descritas y tienen especial influencia en la construcción social de las visiones del mundo que tienen los distintos jóvenes de hoy. En ese sentido, los medios de comunicación superan, como agentes socializadores, a los que generalmente se consideraba como tales: familia, religión, educación.

Nos encontramos con unas sociedades potencialmente ricas y con amplias posibilidades, pero carentes de paradigmas globalizantes, fragmentadas y un tanto caóticas, en las que emergen síntomas de cambios importantes. Por ejemplo, en el trabajo y en la organización social, pero que al mismo tiempo sufre un relativo movimiento de globalización uniformadora, un tanto simplista y, en parte, de baja calidad. Así hemos entrado en el nuevo milenio. En el caso de España hay que añadir la problemática de la concepción autonómica del Estado y su evolución, que posiblemente se convertirá —en parte ya ha empezado a convertirse— en un importante factor de conflictividad para todos los españoles, sin una solución fácil.

La juventud española se ubica en este contexto social mayoritariamente urbano, secularizado, democrático, culturalmente en cambio y religiosamente en declive. En ese conjunto un tanto permisivo, donde el paro se ha instalado y los valores se relativizan. En esa sociedad que se va modernizando con sus luces y sus sombras, donde la tolerancia se acentúa sin aumentar la solidaridad y donde se afianzan pautas democráticas y se busca una igualdad que no excluya la libertad. Una sociedad que, pese a todas las crisis económicas, se va desproletarizando, reduciendo distancias entre los segmentos sociales más bajos y las clases medias, donde la movilidad bruta se mantiene relativamente alta, aunque aún se noten poco sus efectos sociales, por lo que persiste una mentalidad de desigualdades y de lucha social. Ideológicamente, hay en ella una tendencia hacia la izquierda, pero sin un claros-

23

curo neto, la antinomia izquierda-derecha se difumina cada vez más en una grisalla de posiciones intermedias, con pluralidad de modelos sociales, políticos y económicos, en los cuales la religiosidad conserva aún fuertes creencias pero se reduce la práctica, se desconfía de la institución clerical, y el hedonismo, el consumismo y un claro secularismo horadan los valores religiosos.

Esta sociedad resulta difícilmente analizable con las falsillas dogmáticas del pasado, porque ahora Iglesias y partidos políticos buscan su peculiar ubicación, abandonando estos últimos muchos de sus principios ideológicos, para adaptarse a situaciones actuales. La búsqueda es, así, una constante social más en alza, con lo que eso lleva de esperanza e ilusión, pero también de inseguridad y riesgo. Todo ello ha reducido las formas de expresión de los conflictos, pero no ha disminuido un potencial de conflictividad, donde algunas polaridades se mantienen, los personalismos persisten, las desconfianzas permanecen, las legitimaciones de los sistemas sociales, políticos y económicos no se acaban de lograr, y la articulación social deja mucho que desear, cuando persisten aún zonas chirriantes de pobreza, discriminaciones no superadas, y una preocupante falta de cultura, también cívica, que plantea interrogantes a los límites de nuestra evolución social.

Los jóvenes no crearon esa situación, pero viven en ella y acusan mejor que nadie sus logros y sus carencias, sus seguridades y sus ambigüedades. No son muy distintos de la sociedad adulta, aunque sí más claros en sus manifestaciones, y los que pagan más caras algunas de sus consecuencias. Por ejemplo, el alto porcentaje que soportan en las tasas de desempleo.

2

PLURALIDAD DE POLOS
DE INFLUENCIA

2.1 Familia, escuela, amigos

Llegados aquí, conviene detenernos, siquiera sea brevemente, en los agentes clásicos de la socialización. Los recordamos aquí para encuadrar los nuevos espacios a los que nos referiremos más adelante.

Los agentes clásicos de socialización actúan presentándose como (o presentando) modelos o ideales que operan como motivadores del proceso de aprendizaje o socialización. El proceso comprende presentar, interpretar, comunicar e inculcar unos modelos sociales tomados de la realidad social.

Como agentes clásicos de socialización se han considerado la familia, la escuela y la Iglesia, a los que hoy se añaden, dada la evolución social, el medio ambiente, los pares o iguales, y la acción de los medios de comunicación.

La *familia*, como agente socializador, va reduciendo su poder en algunas zonas sociales, pero va potenciando su acción en otras. Además de su acción directa, la familia influye indirectamente aún bastante en el proceso socializador, pese al pesimismo que se respira en algunos ambientes sobre el papel y posibilidades de la familia hoy. En nuestros estudios sobre los jóvenes desde hace más de dos décadas hemos podido constatar que, de todos los agentes socializadores, la familia es la que, en general, tiene aún más influencia sobre ellos. Además, la familia influye también en la forma en que otras agencias lo hacen sobre ellos al marcar dónde se reside, cómo se juzga, adónde se va de vacaciones, quién viene o no a casa, etc.

Según diversos autores, la eficacia socializadora de la familia se puede basar en cuatro mecanismos que operan en ella. A saber:

1) el sistema de interacción; 2) los modelos de comportamiento que propone; 3) las recompensas y castigos que utiliza, y 4) la identificación afectiva con los padres, que contribuye subterráneamente a que todo lo anterior se concrete en realidad efectiva.

La familia, en cuanto formadora, aporta varios elementos básicos en la socialización de los jóvenes:

Satisface el deseo de respuesta íntima que tiene el niño; ayuda a entrar en el juego competitivo de la vida; es el primer auditorio y público del niño, la primera que aprueba y acepta; la que crea el lugar-hogar donde el niño aprende a adaptarse y a convivir, a hacer uso de sus derechos y a asumir sus deberes; enseña los problemas de la convivencia humana; crea tipos de reacciones interpersonales que luego pueden ser adoptadas en la vida del adulto; transmite y da el lenguaje al nuevo ser, y, finalmente, forma hábitos.

La familia en España, sobre todo en las últimas décadas, se ha encontrado muy condicionada para desarrollar esas funciones socializadoras al haber experimentado una serie de presiones, tanto desde dentro como desde fuera de ella misma (GONZÁLEZ BLASCO, P., 1996). No es éste el lugar donde tratar por extenso esa evolución familiar. Baste, para nuestro planteamiento, señalar que la familia, aquí y ahora:

Se siente un tanto cuestionada en su forma tradicional, y bastante desamparada. Acusa una cierta carencia de valores, también de ideas, en su labor educativa. Muestra una excesiva preocupación por mantener su estándar económico, lo que constituye una de las causas de su escasa fecundidad. Para lograr mantener un supuesto clima de paz en su interior, entre sus miembros, parece haber realizado un pacto de no transmitir valores, sobre todo sociales y religiosos. Procura, pero apenas logra, integrar en su estructura, y sobre todo en su dinámica diaria, los papeles de la mujer-trabajadora y de la madre-esposa que cuida el hogar familiar. Está encontrando problemas difíciles de solucionar para pasar de la familia «de reacción», muy basada en la autoridad estructural y en su capacidad para reaccionar ante los problemas que puedan venir, a la familia «de prevención», más fundamentada en el previo diálogo doméstico para prevenir problemas. En buena parte, ha seguido cediendo no sólo la instrucción sino también la educación de los hijos a los centros educativos, públicos o privados, y se sigue detectando una separación de fines entre lo que la familia exige o pide al sistema educativo y el escaso aporte que ella hace al mismo sistema. Finalmente, hay que hacer constar que quizás una de las claves de ese anormal proceso socializador esté en que la matriz sociocultural de los padres en muchos casos es diferente de la matriz prevalente en las actuales sociedades europeo-occidentales. Por ello se produce un cierto desconcierto en los padres, que no saben bien qué hacer, o que ceden a un fácil compensar en los hijos las carencias de bienes que ellos tuvieron en su educación. A veces, también, para salir de esa situación de duda o desconcierto, aportan bienes en lugar de valores, lo que hace a los jóvenes un tanto blandos.

Todo ello ha llevado a un proceso socializador familiar un tanto disperso y blanco que, sin embargo, sigue siendo fundamental, ya que, si la familia ha perdido gran parte de su papel normativo, ha ganado también mucho en su papel acogedor, humanizante e identificador. En este segundo sentido, y por ese papel ascendente que ejecuta, la familia es hoy muy apreciada, la mejor aceptada de las instituciones sociales. En familia vive, aproximadamente, el 80-90 por 100 de los jóvenes, y es en ella donde se oyen más las «cosas de interés respecto a ideas e interpretaciones del mundo» (50 por 100), y más aún respecto a «las cosas relativas a la vida cotidiana» (59 por 100) (Ver *Tablas 1 y 2*). En muchos aspectos, la familia se ve desbordada y sustituida en su labor por otras agencias hoy activas: amigos, medios de comunicación u otros nuevos agentes socializadores.

Desde el punto de vista de la socialización, la *escuela* difiere de la familia en el nivel de formalismo con que actúa, en que utiliza diferentes pautas de comportamiento que las del entorno familiar, y en que sus miembros no permanecen fijos y rotan de uno a otro año. La *escuela* se constituye en la segunda y nueva comunidad con que la persona se encuentra en

Tabla 1

Evolución del tipo de convivencia de los jóvenes desde 1960 (En porcentajes)

	1960	1975	1989	1994	1998
Con los padres	90,5	80,7	89	90	93
Con alguien de la familia	3,6	3,1	*	*	*
Con mujer/marido			6	6	2
Con compañera/compañero			1	1	2
Con amigo/a o grupo amigos ..			1	1	1
Solo/a			1	1	1
Otros			3	1	1
En residencia o pensión	2,4	6,8			
En piso de alquiler o propio ...	1,2	7,3			
Colegio mayor	0,5	2,1			
No contesta	1,8	—			
N	1.316	3.347	4.548	2.208	3.853

Tabla 2

Opiniones de los jóvenes españoles respecto a dónde se dicen las cosas de interés referidas a distintos aspectos de la vida (1989, 1994 y 1998) (En porcentajes)

	Respecto a ideas e interpretaciones del mundo		
	1998	1994	1989
En casa, en familia	53	50,5	23
Entre los amigos	47	34,6	31
En los libros	22	20,2	28
En los MCS	34	30,5	34
En los centros de enseñanza	19	21,3	14
En los partidos políticos	*	3,8	16
En la iglesia	3	4	16
En ningún sitio	3	1,6	8
Otros	1	1,4	0
Ns/Nc		0,4	4
N	3.853	2.028	4.548

su vida y que le ayuda a pasar de la familia a la sociedad más general. En el proceso de integrar más o menos a una persona en la sociedad, la escuela cumple una serie de funciones importantes. Así intenta recoger, elaborar y transmitir la cultura de la sociedad, además de introducir variaciones en los modelos culturales. Por otra parte, realiza una función de criba y asentamiento social con los alumnos, reforzando generalmente los valores medios de la sociedad en que se inserta. El medio clásico que utiliza la escuela para realizar sus tareas es el de recompensas y castigos, que también utilizan otros agentes socializadores, pero, en el caso de la escuela, a lo anterior se añade la comparación de unos con otros alumnos/as, con lo que eso tiene de estimulante y de competitivo. Por su trabajo personal, cada alumno se compara con los trabajos, con el rendimiento de otros, y de ahí surge un referente según el cual el joven se sitúa en su sociedad.

Los jóvenes aprecian sobre todo el trato con los compañeros que se encuentran en la escuela, y la utilidad práctica que les reporta la escuela para un trabajo futuro. La valoración disminuye si se consideran los profesores y medios de enseñanza utilizados, reduciéndose aún más si se considera la organización del centro, las normas de funcionamiento o el nivel participativo. Pero,

Tabla 3

*Índice de satisfacción en relación con distintos aspectos
del centro docente*

Grado de satisfacción con:	Índice
Compañeros	76
Capacitación que se da para el trabajo	62
Profesores	57
Métodos de enseñanza	57
Organización del centro	53

Índice: máximo, 100; mínimo, 0.

en general, puede decirse que los jóvenes se sienten bastante satisfechos en sus centros de estudios. La motivación para estudiar es un tanto utilitaria, pues un buen porcentaje dice hacerlo para obtener un título (30 por 100) y para poder conseguir luego un trabajo (20 por 100), aunque a un pequeño porcentaje (14 por 100) estudiar es lo que les satisface personalmente y les ayuda a realizarse.

Sintiéndose bastante satisfechos con su vida en la escuela, y estudiando básicamente por motivos pragmáticos con vistas al futuro, no son muchos los alumnos y alumnas jóvenes que consideran la escuela como un lugar donde se dicen cosas importantes en cuanto a ideas o interpretaciones del mundo. Pocos (19 por 100) ven el centro docente como realmente socializador. La familia (53 por 100), los amigos (47 por 100), los medios de comunicación (34 por 100) y los mismos libros (22 por 100) son más considerados por los jóvenes como fuente de ideas y concepciones. (*Tablas 3 y 4*).

Tabla 4

*Dónde se dicen las cosas más importantes en cuanto a ideas
o interpretaciones del mundo*

En casa, con la familia	53
Entre los amigos	47
En los medios de comunicación	34
En los libros	22
En los centros de enseñanza	19
En la iglesia	3
En otros sitios	1
En ningún sitio	3
	100

Los *amigos*, el grupo de pares, o la conocida como pandilla o panda (el *peer group*), es, después de la familia, uno de los agentes socializadores más importantes. Facilitan las primeras experiencias sociales extrafamiliares. El grupo lo configuran miembros del mismo estatus, casi de la misma edad y en idéntica situación de dependencia de los adultos, de la autoridad. La estructura del grupo no suele estar muy institucionalizada, aunque se pueden constatar distintos niveles de poder y una peculiar estratificación en el interior del mismo. La vivencia del grupo aporta a los jóvenes en vías de socialización la experiencia de unas relaciones humanas igualitarias, permite tratar temas difíciles de abordar con los adultos, como los relacionados con el sexo, ayuda a mantenerse al día en modas, músicas, deportes, etc. Facilita una cierta menor dependencia de los padres y aporta nuevos modelos de conducta social. Facilita nuevas pautas, normas y valores, ve el contexto social en forma distinta de la concepción familiar, e incluye símbolos diferentes de los usados hasta entonces por los jóvenes en vías de socialización. El grupo de amigos socializa mediante la interacción y también mediante un sistema peculiar de sanciones sobre la conducta, apropiada o no para el grupo, así como un lenguaje propio del grupo que implica también unos gestos peculiares.

La posición dentro del grupo, su papel, la relación con el líder, su compañerismo y las reacciones-respuestas sociales son importantes elementos de socialización. Los pares o compañeros son socializadores-clave.

Los jóvenes españoles dan una gran importancia a los amigos (índice 3,55) y son a los que más aprecian tras su familia (índice 3,69), por delante incluso de su trabajo (índice 3,52) y del tiempo libre (índice 3,37) (*Tabla 5*).

La mayoría (64 por 100) de los jóvenes españoles dice también tener muchos o bastantes amigos, o al menos conocidos, y es de ellos de quienes, con gran número de jóvenes (47 por 100), escuchan las cosas importantes en cuanto a ideas e interpretaciones del mundo. Por otra parte, la relación con los compañeros de escuela es lo que más satisface a los jóvenes en lo que se refiere a sus estudios. Parece, pues, que los amigos/as son un agente socializador apreciado, bastante eficaz y determinante del tipo de socialización que están realizando los jóvenes españoles.

Tabla 5

Importancia de determinados factores en la vida de los jóvenes

	Índice (media)
Familia	3,69
Amigos y conocidos	3,55
Trabajo	3,52
Ganar dinero	3,40
Tiempo libre/ocio	3,37
Estudios, formación personal	3,28
Llevar una vida moral y digna	3,27
Religión	1,96
Política	1,78

Índice: máximo, 4; mínimo, 1.

2.2 Los medios de comunicación social

Los conocidos como *medios de comunicación de masas (MCM)* —prensa, radio, televisión, murales, multimedia— son cada vez más un peculiar agente de socialización, cuya característica más clara, desde este punto de vista, es su eficacia. Estos medios muestran muchas características de una cultura popular que es difícil transmitir por otros agentes socializadores. Las aportaciones típicas de esos medios a las personas en proceso de socialización son, por una parte, las pautas y roles ordinarios, normales en una sociedad; por otra, los valores de diferentes niveles sociales, y, finalmente, modelos de conducta. Por medio de ellos se obtiene un conocimiento que sobrepasa experiencias muy concretas e inmediatas, pues ponen en contacto con variadas realidades y hechos de diversas partes del mundo. Su influencia se acrecienta porque casi no exigen esfuerzo por parte de los sujetos, que se muestran receptores pasivos ante esos medios, especialmente ante la televisión; además, no suele haber una actitud crítica ante lo que esos medios aportan. Ciertamente, a veces los medios consiguen reacciones por parte de las audiencias que, en principio, no se intentaban. Es lo conocido como efecto bumerán. La socialización que procuran estos medios suele ser accidental, pues generalmente se utilizan para cubrir ocios o llenar información, y no tanto para aprender. La influencia no llega, sin embargo, personalizada, orientada a la persona concreta. No da, pues, respuestas a problemas concretos. Sin embargo, mucha gente se siente identificada con lo que algunos medios ofrecen al público o masas. Son también socializadores unidireccionales, pues en general no permiten la contestación por parte de los sujetos.

Aunque siguen siendo los agentes calientes —de relaciones interpersonales—, cara a cara, los más influyentes siguen siendo familia y amigos, y su fuerza, sobre todo en cuanto a influencia ideativa o portadora de cosmovisiones, va creciendo mucho. Los medios de comunicación social, en ese aspecto, habían decrecido algo en influencia por una serie de razones de 1989 a 1994, pero parece que han recuperado parte de su influencia pasada. Actualmente, un 34 por 100 de jóvenes indica que es en los MCS donde se dicen las cosas más importantes respecto a ideas e interpretaciones del mundo. Libros, centros de en-

señanza y otros agentes tienen menor incidencia en la posible socialización. Las pautas respecto a agentes calientes (familia, amigos) o fríos (MCS, centros de enseñanza y libros) mantienen las tendencias y casi los porcentajes de influencia, pero suben algo los libros y decrecen también algo los centros de enseñanza. Siguen perdiendo influencia instituciones importantes, como Iglesia y partidos políticos.

La prensa pierde también terreno. Hoy son menos los jóvenes que leen regularmente la prensa, y es un dato que confirma la tendencia decreciente que se viene apuntando desde hace ya bastantes años (*Tabla 6*).

El porcentaje de jóvenes que leen periódicos va en aumento al crecer la edad, lo que es pauta normal. Al ir madurando se interesan más por lo que ocurre en el

Tabla 6

Lee con regularidad el periódico, al menos 5 de cada 7 números (En porcentajes)

	Porcentaje de lectores
15 a 24 años:	
Año 1984	45
Año 1989	41
Año 1993	40
Año 1998	39
18 a 24 años:	
Año 1981	48
Año 1993	45
Año 1998	43

país y fuera, y por ello aumenta el nivel de los que leen periódicos. Los más jóvenes (quince-diecisiete años) son los que menos leen la prensa. Como la valoran bastante, son el grupo joven más influenciable por ella.

Los chicos leen prensa algo más que las chicas. Posiblemente las chicas se informan por otros canales informales, principalmente amigas. Los adolescentes siguen tendencias semejantes a la clase baja: menor nivel de lectura, valoración más positiva de los medios y, por tanto, son muy influenciables. Los jóvenes de clase alta se sitúan en las tendencias contrarias: leen en mayor porcentaje la prensa y la valoran menos, por lo que son menos influenciables. En general, al ascender en la clase social, aumenta el porcentaje de jóvenes lectores.

Respecto a los medios de comunicación que se encuadran entre las llamadas «nuevas tecnologías» (Internet, o, mejor, «navegar por Internet»), es un camino de acceder a información y de intercambiarla que nos interesaba investigar, dado el auge que tiene hoy día. Por ello, hemos querido indagar ese especial medio de comunicación social y su impacto en la socialización de los jóvenes.

En general, son una minoría en aumento (14 por 100) los jóvenes que usan con alguna frecuencia el sistema Internet. Lo hacen más los chicos que las chicas. Su uso crece al crecer la edad, y es más frecuente entre los jóvenes de clase alta. Hoy por hoy, la influencia de Internet como agente de socialización es aún escasa. Sólo un 4 por 100 de los jóvenes lo usan con cierta frecuencia, y son los más mayores los que lo hacen (veintiuno-veinticuatro años); es decir, los menos vulnerables. Es más cosa de chicos, y la disponibilidad parece relacionada con la clase social alta. Es muy posible que esto varíe en los próximos años, dado el incremento de popularidad del sistema Internet de información, pero de momento su influencia es pequeña. La dependencia de ese sistema con respecto al uso del ordenador personal (PC) y su precio puede que sean causa de su escaso uso, pero en el futuro muy probablemente se difundirá y extenderá su utilización y, por tanto, su poder socializador, si no es superado por algún otro sistema más asequible de intercambio de información.

El dato de su escaso uso entre los jóvenes (un 77 por 100 no lo usa, y aun el 9 por 100 dice que no lo conoce) pone de manifiesto la distancia que hay entre lo que una opinión pública parece sugerir a través de

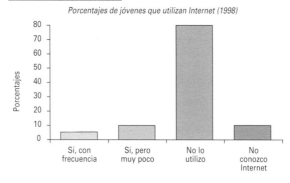

Porcentajes de jóvenes que utilizan Internet (1998)

los medios (todo el mundo parece que conoce y usa Internet) y la realidad de que muy pocos jóvenes lo utilizan. Pero es quizás más llamativo constatar que a un buen porcentaje de jóvenes o no les gustaría nada (19 por 100) o sólo les gustaría un poco (27 por 100) tener acceso a Internet. Es decir, que casi a la mitad (46 por 100) de los jóvenes no les interesa mucho poder hacer uso de ese medio de comunicación social. Puede ser que la técnica que se necesita para su manejo asuste un poco, o que no se valore mucho la información que puede aportar, o que se vaya notando un cierto cansancio, incluso entre los jóvenes, por esta invasión de tecnología informática que no se sabe bien quién la maneja, que cuesta dinero y que no se puede procesar mentalmente en cultura, quedando en una mera información desligada de casi todo. En cualquier caso, que sólo al 46 por 100 de los jóvenes (es decir, a casi la mitad de los no usuarios hoy) no les interese tener acceso en el futuro a Internet, y que esto aumente con la edad, pone de manifiesto un fenómeno de cansancio-hartazgo que habrá que continuar investigando. Posiblemente, la realidad científico-técnica arrollará en ese futuro el cansancio que ahora se detecta y se impondrá el uso de Internet, o algo parecido, con un coste humano-relacional no pequeño.

En el caso de utilizar Internet, actualmente suele hacerse en casa o en el centro docente (colegio/instituto/facultad). Un 36 por 100-39 por 100 de los usuarios dicen utilizarlo en esos lugares, probablemente por facilidad de acceso y por cargar los costos de teléfono a la familia o al centro. Son muy pocos los jóvenes que gastan su dinero usando Internet en cibercafés o en locales donde ellos mismos deben abonar el coste del uso.

En resumen, de momento el sistema Internet no constituye un medio de socialización importante para la mayoría de los jóvenes españoles, aunque probablemente sea un medio de comunicación social muy potente como socializador de minorías de usuarios.

3

NUEVOS ESPACIOS
DE AUTOFORMACIÓN

3.1 Introducción

Una serie de características sociales hoy vigentes son participadas también por los jóvenes y facilitan la búsqueda y uso de nuevos espacios de socialización. Entre estas características podemos destacar las siguientes:

1) la valoración, sobre todo, del presente, de lo inmediato o presentismo; 2) la provisionalidad de los signos y de todo aquello que identifica consistentemente; 3) el rechazo de los dogmatismos, pues casi todo depende de las circunstancias, o relativismo; 4) la necesidad de espacios propios, significativos y diferenciables respecto de los que usan los adultos; 5) el gusto por las experiencias, por lo emocional, lo no ideológico y, a poder ser, que contenga notas de espectacularidad; 6) la tendencia a considerar lo joven como modelo para todos, a lo que todos deben tender; 7) la sobrevaloración de lo ligero y blando sobre lo profundo y consistente; de los deseos sobre los saberes; el predominio de lo emocional y efímero sobre lo racional y permanente.

Estos nuevos espacios de socialización parecen haber surgido a la par que se debilitaban los agentes clásicos, algunos de los cuales —como la escuela, y sobre todo la Iglesia— casi han desaparecido en su función socializadora para la juventud, manteniendo otros, como la familia y los amigos, una cierta influencia, aunque sin afectar casi a la mitad de los jóvenes. Por otra parte, estos nuevos espacios de socialización tienen unas características que los definen frente a los otros, y facilitan su uso a los jóvenes:

a) son creados por los mismos jóvenes; b) son espacios de autorrealización, es decir, en ellos son jóvenes los que socializan a jóvenes; c) son usados libremente por los jóvenes; no son impuestos por nada ni por nadie; d) tienen el atractivo de lo nuevo, de haber sido menos o no usados por los mayores; e) les resultan placenteros a los jóvenes.

Entre estos espacios podemos anotar:

a) la música «joven»; *b)* la noche; *c)* el sexo; *d)* el consumo; *e)* sentir el propio cuerpo; *f)* viajar; *g)* la velocidad; *h)* los nuevos riesgos (deportes); *i)* otros varios.

Hemos querido indagar sobre algunos de estos espacios autosocializadores, tratando de identificarlos, describirlos y conectarlos con los jóvenes actuales. En trabajos anteriores habíamos estudiado otros aspectos, como asistir a conciertos de jóvenes, salidas nocturnas y algo más. Ahora hemos querido dar otros pasos. El terreno es complejo, pues no todos los jóvenes son, por ejemplo, adictos a un tipo de música, y menos todavía siguen las pautas de conducta, vestido, etc., que lleva el grupo musical o la tribu urbana adicta a ese tipo de música.

3.2 Música moderna: inmersos en sonidos

Aunque la sociología se ha ocupado ya del fenómeno musical, no lo ha hecho muy a fondo. Antes de abordar el tema de la música moderna recordaremos algunos casos de los sociólogos que se han ocupado de este fenómeno.

A principios de siglo, Max Weber analizó la música clásica europea como un caso en el que el sentimiento y la inspiración musical se racionalizan, se escriben en pentagramas de forma que, al reproducir esa música, queda muy poco a la improvisación. Weber (1921-1958) estudia así los «fundamentos racionales y sociológicos de la música», constituyendo su pequeño ensayo uno de los trabajos sociológicos más importantes sobre el hecho musical, al que ve, como al arte en general, irse adaptando a la racionalización creciente, casi a su matematización.

Para Durkheim, la división del trabajo brinda mayor cooperación social y facilita la integración de las personas en las sociedades, al impulsar la solidaridad orgánica. Con ese esquema durkheiniano, considerando la especialización de la música y ésta como elemento de integración social, se ponen las bases de la sociología de la música. Como señala Arturo Rodríguez Morató (1998: 517), en Francia, por la misma época, bajo el influjo del paradigma durkheniano, la musicología y la estética musical adoptaron una decidida orientación sociológica.

En perspectiva durkheiniana, pero desde su óptica marxista y de la Escuela de Frankfurt, Theodor Adorno verá la música como relacionada con la estructura social. Esta línea de análisis será fuertemente criticada, pero es coherente con las posturas marxistas y críticas frente a la razón mantenidas por Adorno, que fue un músico destacado y que ejerció como tal al comienzo de su vida. Adorno escribió varios trabajos sobre música y sociología (ADORNO: 1949-1971-1972-1994).

Como indica Ann-Marie Green (1997), «el rol capital de la música como agente de socialización fue evocado en los años 1950-1960 a propósito del fenómeno *yeyé* en Francia y, más generalmente, de la emergencia de una subcultura de los jóvenes» (MORIN, E., 1966: 435).

Pero son los anglosajones los que destacan la importancia de la música y la integración social de los jóvenes. J. Lull distingue tres aspectos de la «implicación del público en la música, de menos compleja a más compleja: la *exposición*, que designa el contacto con la música en términos cuantitativos de tiempos consagrados a la escuela; el *consumo*, que designa lo que se aprende y lo que se devuelve de la exposición, y, en fin, el *uso* que se hace de la música en función de las oportunidades personales y sociales, del conjunto de las aplicaciones prácticas relacionadas con la exposición y el consumo» (LULL, J., 1988: 140). Así, el influjo de la música sobre la vida social no se circunscribe al momento de escucharla, sino que permanece más adelante. De esta forma, la música se integra en niveles más profundos del proceso socializador.

Tenemos también ejemplos interesantes de sociólogos norteamericanos interesados por lo musical. Desde tal perspectiva se abordan los procesos de organización, capacidad de comunicación, etc., de los fenómenos musicales. T. Parsons, formado en buena parte en el Reino Unido, analizando la aparición de subsistemas sociales más complejos, pone de manifiesto nuevas actividades sociales y su participación en el proceso de integración social. Estudia el subsistema juvenil en el que se asienta una subcultura, «una civilización de los jóvenes que les permite entrar en el juego de las orientaciones contradictorias, reducir la anomia al producirse la integración y crear espacios de desviación tolerada, reemplazando las funciones de regulación del sistema. Parsons define la civilización de los jóvenes por el romanticismo que facilita la solución de las dificultades ligadas al cambio anómico. Este romanticismo de base hedonista rehúsa los valores tradicionales de la gratificación diferida en nombre de los valores de la fusión del grupo, de la fraternidad y de la comunidad. El hiperconformismo de gustos y estilos está en el centro de esta cultura y de la sociabilidad de los adolescentes. La música participa en común y ocupa el lugar plaza central» (GREEN, A. M., 1997: 15).

David Riesman (1950-1961: 194), tanto en su conocido *La multitud solitaria* como, sobre todo, en su trabajo sobre la música popular norteamericana, apoya la visión de lo musical en el proceso de socialización de la persona joven en una sociedad adulta (RIESMAN: 1950). Las tonadas y la misma letra de las canciones afectan a los jóvenes, creándoles una imagen de su propia identidad. Estos nuevos elementos, como la música, en cierta forma sustituyen la socialización familiar. Lo han puesto de manifiesto algunos autores, como McLeod y Brown (McLEOD, J. M., y BROWN, J. D., 1976).

Podemos señalar también estudios importantes pero más concretos, como el de Dixon sobre los seguidores de la música y movimiento *punk*, a quienes une, sobre todo, su amor a esa música por encima de su clase social de origen (DIXON, 1983: 133). De cualquier forma, aunque no falten representantes cualificados, la sociología no ha tenido muy en cuenta el fenómeno musical como hecho social relevante. Veamos ahora algunos movimientos musicales contemporáneos y en qué medida son seguidos por los jóvenes.

3.2.1 Asistencia a conciertos juveniles y su motivación

En un trabajo sobre jóvenes fechado en 1994, se constataba que la asistencia a espectáculos de música moderna al aire libre, o en grandes espacios, atraía a un buen número de jóvenes. De hecho, el nivel de asistencia de jóvenes a este tipo de acontecimientos era relativamente alto. En 1993, el 59 por 100 de los jóvenes había asistido a un espectáculo musical de ese tipo en los doce últimos meses, y un 12 por 100 más lo había realizado en los dos últimos años. El fenómeno continúa. El nivel de asistencia es hoy mayor, como se demuestra en la *Tabla 7*.

El nivel de asistencia a esos conciertos-espectáculo de cantantes o grupos no sólo persiste sino que ha aumentado en el último quinquenio. En general, asisten más los jóvenes de izquierdas o de centro-izquierda, así como no creyentes, indiferentes o católicos no practicantes, todo lo cual parece relacionar ese fenómeno con una vivencia del proceso de secularismo que afecta a la sociedad actual. El nivel de asistencia crece incluso

Tabla 7

*Nivel de asistencia a algún espectáculo de música moderna
al aire libre o en grandes espacios*

Nivel de asistencia	1993	1998
Sí, en los últimos 12 meses	59,2	60
Sí, en los últimos 24 meses (y no en los 12)	12,6	14
Sí, hace más tiempo (y no en los últimos 24)	12,3	14
No, nunca	15,8	13

desde los jóvenes con menor nivel de estudios hasta los que cursan primer ciclo universitario. Luego decae un poco. Coherentemente, son los estudiantes más jóvenes y los que trabajan por cuenta propia los que asisten con mayor frecuencia. Estos conciertos-espectáculo atraen, pues, a la mayoría de los jóvenes: seis de cada diez asistieron al menos a uno de ellos en 1998, y casi tres de cada cuatro lo hizo en el bienio 1996-97. Parece un fenómeno que atrae, sobre todo, a los más jóvenes, y que se va moderando al acercarse la edad adulta y últimos cursos universitarios. La asistencia varía bastante según autonomías, marcando las frecuencias más altas en un año la Comunidad Valenciana, el País Vasco, Aragón, Asturias y Castilla-La Mancha (70-75 por 100), mientras que muestran las frecuencias más bajas Cataluña, Castilla y León y Andalucía (40-50 por 100). No se aprecia fácilmente por qué se dan estas diferencias entre autonomías, y sería un tanto inadecuado señalar posibles causas sin realizar ulteriores investigaciones. Lo que los atrae y encuentran en esos espectáculos lo habíamos indagado en un estudio anterior, en el que sacábamos la siguiente conclusión:

En general, los jóvenes tienden a identificarse más con emociones que con ideas; con lo que incluya relacionarse superficialmente, sin compromisos exigentes, con otras personas; con lo que se exprese con simbologías de su gusto; con lo que contenga componentes de espectáculo; con lo que se somatice polisensualmente. Si a todo ello se añade cierta nocturnidad, mejor.

Los espectáculos de música moderna al aire libre contienen esos elementos bien dosificados. Por consiguiente, no es de extrañar el éxito que tienen y la afluencia de jóvenes. Éstos reciben en esos espectáculos lo que demandan, base que se montan teniendo en cuenta esas mismas demandas; pero, a la vez, esos recitales refuerzan un estilo de vida, una mentalidad que se quiere potenciar (VV AA, 1994: 74).

41

Básicamente, las causas que hacen atractivo este tipo de espectáculos para los jóvenes permanecen, aunque se aprecian algunas variaciones. Los dos motivos más importantes han aumentado su peso: la música en sí y el ambiente que se vive. Y se une un tercer motivo: estar con gente como yo, que se refuerza con el 30 por 100 de los que opinan que un motivo es también ir con amigos. El aspecto de espectáculo sigue siendo atrayente. En definitiva, la música, estar en ese ambiente con amigos, disfrutando en libertad del espectáculo, es lo que motiva a asistir. Lo relacional, unido a la emoción y sentimiento que aporta la música, es lo que más atrae. No ha cambiado casi nada. Sólo ha aumentado algo el valor de algunas de esas motivaciones (*Tabla 8*).

Los estudiantes universitarios destacan entre sus preferencias la música y el ambiente. Lo hacen también los jóvenes más cercanos a la izquierda política. Los aspectos de espectáculo (luces, sonido, escenario, etc.) son valorados por los más jóvenes (estudiantes de BUP, FP o primer ciclo universitario). Indiferentes y no creyentes coinciden con los creyentes practicantes en destacar el valor de la música, aunque a los primeros los atrae también lo que hay de espectáculo y el ambiente que se crea. Las características de lo que más atrae a los jóvenes de los conciertos musicales juveniles las hemos sometido a la técnica del análi-

Tabla 8

Qué atrae más de los espectáculos musicales al aire libre
(En porcentajes)

	Años		
	1993 (B)	1998 (A)	Diferencia (A-B)
La música en sí	57	61	+4
El ambiente	39	46	+7
Ir con amigos	37	30	−7
El espectáculo	31	30	−1
La/el cantante, el grupo	31	27	−4
Estar con gente como yo	19	30	+11
Distraerme sin más	12	12	*
La libertad que se vive	12	11	−1
Puedo hacer lo que me dé la gana	6	6	*
Otras	1	1	*
Ns/Nc	5	4	—

* *Múltiples respuestas.*

Cuadro 1

F 1   Música y contexto

Incluye las características siguientes de lo que más atrae a los jóvenes en los conciertos de música moderna: 1) Ambiente; 2) Espectáculo; 3) Estar con gente; 4) Contacto con cantantes o grupo; 5) Música en sí; 6) Momentos de libertad; 7) Reunirse con amigos.

F 2   Otros componentes

Incluye las características siguientes de lo que más atrae a los jóvenes en los conciertos de música moderna: 8) Distracción; 9) Hacer lo que da la gana; 10) Ir porque van los amigos.

sis factorial para intentar descubrir otros factores que agrupen algunas de ellas. Las siete características que se agrupan en el Factor 1 se refieren a lo musical (música en sí, contacto con el autor/a o grupo musical), así como el ambiente que rodea esos conciertos (elementos espectaculares...) y las relaciones con quienes se comparte el espectáculo (reunirse con amigos, estar con gente, libertad expresiva). Podemos denominar a este Factor 1 como *Música y contexto*.

Las tres componentes restantes (distraerse, ir con los amigos y hacer lo que se desea) se recogen en el Factor 2, que denominamos *Otros componentes*. Este segundo factor completa en parte al primero. Los dos factores reseñados explican, aproximadamente, el 32 por 100 del total de las características de los conciertos que atraen a los jóvenes, quedando pendientes de identificación y medida una serie de «factores únicos» no considerados aquí.

Si consideramos cada una de las variables en función de los dos factores comunes (F 1 y F 2) y tenemos en cuenta lo que ambos explican de cada variable, tenemos que los factores *Música y contexto* y *Otros componentes* dan cuenta casi del 22 por 100 de lo que significa la música en sí (comunalidad: 0,223), mientras que casi el 80 por 100 vendrá dado por un factor específico o único, propio de esa música característica. Parece, pues, que hay aún muchas características no utilizadas que influyen en el proceso y no han sido detectadas.

3.2.2 La música y los jóvenes: un encuentro feliz

Hemos querido indagar algo más sobre lo que significa la música para los jóvenes, el papel que juega en su formación, en su empleo del tiempo de ocio y, en general, en su vida cotidiana, partiendo de la experiencia común de ver a chicos y chicas escuchando música en cualquier momento, sobre todo la conocida como música moderna o juvenil. Para ello hemos tenido en cuenta distintos tipos de música que, a partir de los años cincuenta, se han ido sucediendo para responder y a veces crear los gustos juveniles. Hay que considerar que los diferentes tipos musicales suponen formas peculiares de ver la vida, actitudes, lenguajes típicos, tratos y relaciones formalizadas. Incluso, algunos de esos sonidos musicales se asimilan al funcionamiento de algunas de las llamadas tribus urbanas.

La música moderna arrastra a muchos jóvenes, levanta pasiones en conciertos masivos y sostiene una industria que, a su vez, retroalimenta ese peculiar mundo musical. Como indica Alan BLOOM (1987: 74):

Para encontrar un equivalente a esta explosión de entusiasmo musical hace falta remontarse a la mitad del siglo y evocar la Alemania y la atmósfera que rodeaba las óperas de Wagner. En tal época y país había también una suerte de sentimiento religioso según el cual Wagner daba una significación a la existencia. Los que escuchaban sus obras no recibían solamente un mensaje, sino que, escuchándolas, hacían la experiencia de esta significación. Los wagnerianos vivían para Wagner. De nuestros días también se puede decir que una gran parte de los jóvenes entre diez y veinte años viven para la música, que ella es su pasión, que ninguna otra cosa los entusiasma tanto y que no pueden hacer nada extraño a la música. Cuando se encuentran en la escuela o en sus familias, aspiran a quedar solos para su música; nada en la vida que los rodea (escuela, familia, Iglesia) puede tener relación con su universo musical. Esta vida es neutra para ellos. Incluso en la mayor parte de su tiempo, esto constituye un obstáculo vacío de todo contenido vital y una especie de tiranía contra la que se rebelan. Este culto de la música comporta los elementos de un entusiasmo auténtico. Por eso he dicho que se relaciona con Wagner.

Antes de explicitar los diferentes tipos de música juvenil moderna presentados a la opinión de los jóvenes encuestados, se hacen algunas consideraciones sobre lo que siempre fue y hoy parece ser esa música para los jóvenes, y aun para muchos ya no tan jóvenes. En general, escuchar música respondió siempre, y hoy también, a una serie de necesidades del ser humano:

1) *Necesidad de detenerse,* de frenar el ritmo rutinario de una vida cotidiana, de relajarse en una cierta quietud gratificante, que aporta la música; 2) *Necesidad de eva-*

dirse, de soñar, de viajar mental y anímicamente a mundos lejanos, diferentes, de habitar experiencias anheladas aún no cumplidas, de buscar la ruptura de lo conocido igual, de la monotonía; 3) *Necesidad de compensación,* de equilibrar pequeñas frustraciones vitales, de llenar deseos no satisfechos, ocasiones perdidas. Incluso la vida de los cantantes, que se supone fantástica, compensa las vidas grises de los *fans,* que quizá por eso son tales; 4) *Necesidad de poesía.* En el mundo, y más en el mundo desencantado de hoy, hay un déficit de poesía, de ensueño, que se trata de llenar con la música. La música también nos da a conocer poemas antiguos y poesía actual; 5) *Necesidad de expresión.* A través de la música, compuesta e interpretada por otros, podemos expresar zonas oscuras de la propia alma a las que no sabemos dar forma y expresividad. A veces, en la música afloramos estados de ánimo que no lográbamos aflorar. De ahí surge el anhelo de paz, la unión con los abatidos, marginados del mundo, el furor frente a la explotación, la simpatía por lo puro y la rabia por la estafa, la angustia ante la guerra y la esperanza en determinados seres humanos. La música, mientras

descansa, da forma a lo sentido y callado.

Ese detenerse, evadirse, compensar, poetizar, expresar, que permite la música, puede tener también un mal coste en pereza, exotismos falsos, evitar esfuerzos, sumirse en subjetivismos inoperantes y otros más. Pero los peligros y riesgos no pueden evitar el uso de la música, pues lo que aporta puede superar lo que supone de riesgo.

La literatura de jóvenes autores, la que se ha denominado *joven narrativa española,* la de autores como Ray Lóriga, José Ángel Mañas, Daniel Múgica, Pedro Mestre, Benjamín Prado, Martín Casariego, Juan Manuel de Prada, Francisco J. Satué... y otros, los que algunos llamaron «jóvenes con moto», junto con mujeres como Lucía Etxebarría, la de *Amor, curiosidad, prozac y dudas,* y otras también, está plagada en sus páginas de violencia, desencanto, nostalgia y... música, y opiniones sobre lo que es y cómo funciona la música para los jóvenes confusos y desarraigados que ellos y ellas narran [1]. Literatura dura, de «cine, carretera y juventud a la intemperie» [2],

---

[1] Ver, por ejemplo, de Juan Manuel de Prada: *El silencio del patinador, Las máscaras del héroe;* de José Ángel Mañas: *Historias del Kronen, Mensaka, Soy un escritor frustrado;* de Daniel Múgica: *La ciudad de abajo, Uno se vuelve loco;* de Ray Lóriga: *Lo peor de todo, Héroes, Caído del cielo;* de Francisco J. Satué: *Piel de centauro;* de Lucía Etxebarría, *Amor, curiosidad, prozac y dudas;* de Pedro Mestre: *Matando dinosaurios con tirachinas.*

[2] Ver *El Correo de las Letras,* septiembre 1997, pág. 6.

como indica el mismo Ray Lóriga, «no es tanto una huida hacia como una huida desde algo». Toda esa narrativa da cuenta de unos jóvenes españoles, posiblemente no muchos en términos de porcentajes estadísticos, pero que también son jóvenes de nuestras tierras de hoy. En esa literatura se da bastante espacio y protagonismo a esta música moderna juvenil, con su enorme fuerza de aculturización anglosajona, USA, para los jóvenes españoles. Dejemos, como mero ejemplo, a Lucía Etxebarría expresar el ritual del secularismo religioso que conlleva esa música. En su ya citada novela, dice así una de sus protagonistas:

Quince años después, en prueba de amor, Ian Bruton me regaló su disco más querido: *Love will tear us apart,* de Joy Division, en versión *maxisingle.* Una rareza de coleccionista. Yo sabía muy bien cuánto le había costado separarse de él. Así que convertí la primera escucha en una ceremonia religiosa. Apagué todas las luces del apartamento y encendí un único cirio rojo que tiñó las sombras de misterio. Puse el disco. Escuché ese sonido chirriante y obsesivo de la aguja cuando comienza a rascar el vinilo. Me tumbé en la cama y cerré los ojos. Allí dentro, humo y jirones de nube roja flotaban hacia un horizonte negro. La voz de Ian Curtis invadió de improviso aquel territorio bicolor, y se hizo con él. *When the routine bites hard and ambitions are low and the resentment rides high but emotions won't grow... Do you cry in your sleep all your failings expose?* Era la voz de un muerto. Amé su soledad y amé su orgullo. *Get a taste in my mouth as desperation takes hold. It is something so good just can't function no more...? El amor nos va a separar.* Pero yo no necesitaba escuchar aquella canción desoladora y dura, demasiado bella y demasiado real, aquella rotunda aniquilación de la esperanza, aquel retrato en blanco y negro del placer y el tormento, aquella afirmación de la impotencia ante un mundo sin respuestas que penetraba en mi carne con la misma aséptica certeza con que lo haría el bisturí de un cirujano, para saber lo que había sabido desde niña, desde siempre: el amor destroza. Profunda, hiriente, dolorosamente. Purcell, cantada por James Bowan, descolgué el teléfono, me senté tranquilamente en el sillón y me puse a escuchar la misma canción, una y otra vez, recordando en cada nueva escucha las notas una por una, las palabras, los acordes, los arpegios... «Devanaba palabras y palabras en un murmullo rítmico y constante». Cada nota golpeaba como un puño en mi interior y esos golpes transmitían tal calor a mi corazón que éste explotaba y se disgregaba en fragmentos dispersos. La música bullía dentro de mí, galopaba por mis venas, contenía el mundo, y dentro del mundo a mí misma, a mi verdadero yo que había permanecido dormido allí dentro tantos años y acababa de despertar furioso, emborrachado de entusiasmo (ETXEBARRÍA, L., 1997: 233-234).

Valga la extensión de la cita, por lo expresiva, respecto al tema que nos ocupa. La narración que habla de la música como paraliturgia secularizada, misterio, obsesión, ceguera, flotación, lengua anglosajona, aculturizando hispánicas culturas, dolor, desolación, belleza, placer y tormento, aniquilación de esperanza, impotencia ante la ausencia de rtespuestas, amor destrozante, profundidad, herida, tranquila escucha repetida de palabras devanadas, golpes de calor dentro, música conteniendo al mundo y a la persona. Eso representa para muchos jóvenes esa música hoy. Como dice GONZÁLEZ-ANLEO (1998: 22), «la música, seña y contraseña, palabra secreta de identificación mutua, a veces ininteligible para los no jóvenes. En cuanto espectáculo total, aventura corporal y ejercicio de esotérica comunicación, la música es el símbolo del culto al cuerpo, a la salud (de ahí el creciente rechazo a la droga y el pavor al sida), a la forma física, a la belleza».

Para unos el *rock*, para otros el *rap*, el *techno* o el baile, son la música de los tiempos modernos. Al mismo tiempo, es bastante más que una música: plantea las múltiples facetas de una estrategia, más o menos consciente, de reconocimiento colectivo. Esta estrategia, presente en todos los aspectos del estudio, hace referencia a la emoción y al placer. Se puede deducir que, cualesquiera sean las razones sociales que justifican su relación con la música, es otra cosa lo que cada uno de los jóvenes trata de encontrar en ella. Enfrentándose al desencanto que el mundo y el contexto les proponen, la música es el encantamiento que da sentido a sus vidas (GREEN, A. M., 1997: 296).

A. M. Green, en su estudio sobre *Adolescentes y música*, trata también de identificar lo que ésta significa para los jóvenes: «En nuestro cuestionario había una pregunta abierta: *Di en algunas palabras lo que la música representa en tu vida...* Los términos citados mayormente son los siguientes: placer, evasión, distracción, divertimento, pasar el tiempo, alegría, identidad, identificación, independencia y comunicación. Es decir, los términos indican que a un adolescente la música le permite emanciparse de la influencia cotidiana de la familia y afirmarse con los compañeros o los padres» (GREEN, A. M., 1997: 109).

La música moderna se va convirtiendo en una de las señas de identidad de los jóvenes, sobre todo de algunos de ellos. Hay que tener en cuenta también que esa música hoy no se escucha sola, sino formando parte de todo un ritual en el que luz, sonido, olores, bebidas, vestimenta, nocturnidad, proximidad de masas, etc., son elementos complementarios del ceremonial juvenil, trocado en espectáculo y explotado por grupos, cantantes y por un avispado marketing. Lo musical se vive también somatizado, polisensualizado, sintiendo y moviendo, en una especie de sentimiento experimental, corporizado y en libre expresión. Por otra parte, siempre lo musical implica un fondo (no sólo forma) de sentimientos e ideas, pero a veces esta música moderna prescinde del mensaje explícito y se deja gozar sola.

La expansión de esa música moderna juvenil se dio rápidamente, como indican LEVICES MALLO, J. J., y SERRANO PASCUAL, A. (1993): «La música *rap*, el *techno* y el *house* gustaban en 1990 a tres de cada diez jóvenes». Por medio de la música se comunican oyentes con oyentes, y éstos con el protagonista/cantante. Se produce así un proceso de identificación de cada uno con la música, con otros, con grupos ya afines, y de esta forma surge casi un sentido de globalidad, al escuchar lo mismo, por iguales, en cualquier lugar del globo. Hay que apuntar también que

a) el deseo de comunicarse e identificarse con algo o alguien; *b)* la pluralidad de caminos para visionar el mundo; *c)* las múltiples pertenencias blandas y el policentrismo de atracciones; *d)* el desear no definirse fuertemente —identidad con anonimato— pero tener muchos conocidos; *e)* el gusto por lo emocional, sensible, y *f)* la misma debilidad de los agentes tradicionales socializadores

incita a bastantes jóvenes a valorar las diferentes músicas y a una especie de neotribalización que conlleva una serie de reglas diferenciadas, evita el completo anonimato, facilita un marco de actuación y, en definitiva, aporta un modo fácil de entender el mundo. Por ello encontramos grupos de jóvenes que, siguiendo una determinada música, suelen tener también unas pautas comunes de conducta, unos tipos fijos de relaciones y, en conjunto, un mismo estilo de vida.

3.2.3 Principales movimientos musicales juveniles

Tracemos una breve reseña de los principales movimientos musicales juveniles y de sus grupos más característicos para identificar su imagen y señalar sus características sociales. Al final de cada grupo indicaremos los porcentajes aproximados de jóvenes españoles de ambos sexos que se identifican más con cada grupo, a tenor de sus respuestas obtenidas de una muestra de 3.853 jóvenes a quienes se preguntó: *Aunque quizás oigas algo de todo, ¿qué ritmos de los siguientes te gustan o interesan más?* (Puedes dar hasta tres respuestas):

a) rock & roll, rokabilly, psychobilly; b) ritmos *beat,* sonidos R&B, *soul; c) ska, reggae* jamaicanos, música *oi; d) punk, hardcore,* melódico, *straight edge, afterpunk,* sonidos de bandas como The Cure, Bauhaus, Alien Sex Fiend; *e) heavy* clásico, *death metal, grindcore, funk metal; f) rap hip/hop; g) rock* alternativo, grunge; *h) bakalao; i)* popcantautores; *j)* flamenco, rumbas; *k)* clásica; *l)* otros.

Los orígenes de esa música joven arrancan del rechazo que la *generación beat* planteó al modo de vida tradicional norteamericano y del intento de mostrar al mundo la existencia de la otra América. Esa revuelta nace en California, en el corazón de San Francisco (el «Frisco» de los años cincuenta). Escritores como Jack Kerouac, Allen Ginsberg y William Borroughs ponen las bases doctrinales del movimiento *beat,* que influenciará la literatura y la música posterior en Norteamérica y desde allí al resto del mundo. La otra realidad que quieren mostrar es la de alcohol, drogas y sexo, que apoyan y que se plasmará en la revolución musical del *rock* & roll, que nace entonces.

C.1 'Rock & roll': los rockers
Este movimiento toma del *gospel-blues* afronorteamericano instrumentos, temática, armonía y ritmo, y una forma de entender lo musical y de contemplar el mundo.

Como ha comentado Alain Finkillkraut, el triunfo de la «cultura rock», en la que la emoción prevalece sobre la idea y la palabra, el «estar colocado» y sentirse a gusto sobre el diálogo y la conversación, el ser y sentirse joven se convierten en imperativo social de los adultos, la juvenilización (Aranguren). A la «cultura *rock* corresponde una ética narcisista (Antonio Blanch), moral de juego, guiada por los deseos y por la imaginación, en busca de la libertad más que de la identidad y la coherencia... Corresponde el predominio de las virtudes blandas» (GONZÁLEZ-ANLEO, J., 1998: 17). Con el *rock* se lanza un nuevo estilo de vida que hizo furor. Algunos nombres de autores de principios del siglo XX, como Leadbelly, Robert Johnson y sus seguidores musicales Menddy Waters, Howlin Wolf y Elmore James, se sitúan en el cenit de la nueva música. Sería muy difícil definir exactamente la música *rock*, pero está claro que es un movimiento musical abundantemente extendido y amplio.

El *blues*, base de la música popular, y el *country* se mezclan en Elvis Presley, que se convierte en rey de lo que al principio se llamó el *rockabilly*, del que poco a poco fue derivando el *rock & roll*, música entonces escandalosa que salta a otros países desde Estados Unidos, exportando a la vez una nueva visión del mundo. Tupés y fijador, gafas *ray-ban* negras, cazadoras de cuero, motos cromadas, corbatas de cordón, zapatos de ante azul o botas con puntera, camisas de cuello alto y tejanos, chalecos vaqueros, bourbon y cerveza, conciertos masivos y bailes, concentran en lugares casi fijos a los nuevos roqueros. En bares y clubs, ese *rock* de movimientos pélvicos se impone paso a paso.

Los seguidores directos, los *rockers*, nacen con aquella música inicial —Elvis, etapa Memphis, Gene Vincent, Eddie Cochran—, y aun hoy se conservan fieles al mito. Muestran su purismo estético musical, actitudes un tanto chulescas y desprecio por la modernidad pragmática y ejecutiva. En su versión más clásica, los *rockers* se mantienen fieles a aquel *rockabilly* (Memphis de los años cincuenta); luego, los continuadores serán fieles a la tradición Stray Cats de los años ochenta. Sus enfrentamientos a los Mods, más teó-

ricos que reales, se aceptan legendariamente. Con posterioridad, mediada la década de los ochenta, aparece el *psychobilly* de Batmobile o Meteors como una fusión de los ritmos del *rockabilly* y su visión del mundo con la estética y actitud *punk*, lo que rechazaron varios grupos fundamentalistas de roqueros. La música *rock* excita la sexualidad, con sus sonidos, sus gestos y sus textos. En sus comienzos coincidió también esa música con el auge de autores como H. Marcuse, que desde otra perspectiva animaban esa misma revolución sexual, como indica BLOOM (1987: 86):

Marcuse apasionó a los estudiantes de los años sesenta, ofreciéndoles una combinación de Marx con Freud. En *Eros y civilización* y en *El hombre unidimensional,* promete que al triunfar sobre el capitalismo y su falsa conciencia resultaría una sociedad donde las más grandes satisfacciones serían de orden sexual. Marcuse y la música *rock* dicen la misma cosa y tocan la misma cuerda para los jóvenes. Una libre expresión sexual, el anarquismo, brevedad, la exploración del inconsciente racional para darle justo curso: tales son las características que ellos tienen en común (BLOOM 1987: 86).

De acuerdo con las respuestas obtenidas, un 23 por 100 de los jóvenes españoles se identifican con estos ritmos del *rock & roll*, y de alguna manera son influenciados por las formas, maneras e ideas que entraña la corriente musical descrita. Prácticamente, esto es lo que más gusta a uno de cada cuatro jóvenes y la música de su mayor interés. Se vinculan más a esta corriente los chicos que las chicas, y los porcentajes de jóvenes a favor del *rock & roll* crecen al ir creciendo la edad. Es, por tanto, algo más un fenómeno de «los mayores de los jóvenes». Los jóvenes de clase alta y media alta están sobrerrepresentados entre los afectos al *rock*, aunque también hay seguidores entre los jóvenes de clase media baja. El apoyo al *rock* crece con el nivel de estudios, según se sitúan más a la izquierda del espectro político, y tienden hacia la increencia religiosa, agnosticismo o ateísmo.

C.2 Mods: los chicos elegantes

Aparecen en escena del *swinging* a finales de los años cincuenta, y se consolidan a principios y mediados de los años sesenta, creando auténticas tribus urbanas. Integran la influencia del modern *jazz*, del *rythm and blues* (R & B), las pastillas de colores y el *scooter*. La ropa los distingue: americana de solapa corta y estrecha, pantalones de cintura baja sin pinzas, zapatos italianos. Dicen que se pegaron con los *rockers*. Eran buenos clientes de Carnaby Street (Londres). Actualmente parece que casi han desaparecido, pero de vez en cuando

asoman de nuevo, como en León (Purple Weekend), o en Gijón (Fin de Semana Ye-yé, Los Flechazos o Stupid Baboons). Siguen existiendo algunos Scooter Clubs. Sus orígenes están en grupos como los Rolling Stones, The Who, Small Faces, The Kinks o The Yardbirds, y los sonidos R&B negros, o en películas como *Blow up,* de Michelangelo Antonioni (1966).

A finales de los setenta, varias bandas inglesas —The Jam, The Chords, Merton Parkas— y más tarde la película *Quadrophenia* (Franc Roddman, 1979), basada en un disco del grupo The Who sobre los años *mods*, los hacen reaparecer. Sus festivales se conocen como «fiestas *allnighter*», y en general optaban por las anfetaminas en el campo de sus drogas más usadas.

Aproximadamente un 10 por 100 de jóvenes españoles se inscriben como seguidores de esta corriente de *rythm & blues soul* y *beat*. Aquí son más las chicas, en edades altas (veintiuno a veinticuatro años), fundamentalmente pertenecientes a la clase media (alta o baja), y mucho menos a la clase baja. Se dan más entre los jóvenes que trabajan por cuenta propia. Han sido más frecuentes en Madrid, Canarias y Cataluña, autoposicionados políticamente en el centro (derecha-izquierda) del espectro político, y casi por igual en todos los grupos religiosos o no creyentes. Su porcentaje sube entre los jóvenes con nivel alto de estudios.

C.3 'Hippies': Cantautores y 'pop '60'

Renovando en los sesenta lo *beat-primitivo*, nace en California el movimiento *hippy*, que quiere separarse definitivamente de la sociedad establecida. Postulan el respeto a la naturaleza frente a la agresión de la sociedad capitalista-industrial. Ácidos, entonces nuevos, como el LSD y la marihuana corriendo por los campus universitarios, fomentan en las reuniones juveniles un seudomisticismo sicodélico. Reunión masiva en Woodstock, rechazo a la guerra de Vietnam, «haz el amor y no la guerra», paz siempre, cuidar las margaritas. La música propia acompaña e identifica al movimiento: Grateful Dead, Sly and The Family Stone, The Doors, Iron Butterfly. Algunas películas y musicales siguen siendo referentes del movimiento: *Easy Rider* (Dennis Hopper, 1968) o *Hair* (Milos Forman, 1979). Huéspedes del aire, en la calle, convertidos en pequeños artesanos, algunos *hippies* venden pulseras, brazaletes, pendientes o tocan la guitarra o la flauta en la esquina de al lado. Sin embargo, el *neohippy* más actual ha dejado de vivir en la calle; incluso estudia en la universidad, se considera ecologista, o colabora con alguna ONG acorde con su mentalidad. Absorbido por un implacable sistema, no abandona ninguna de sus convicciones existenciales.

De vez en cuando, aún hoy, se organizan festivales que reúnen a nostálgicos *hippies* del mundo en unos cuantos días de música, diversión, yerba, tiendas de campaña y amor más o menos libre. Cantautores como Bob Dylan y Joan Baez han vuelto una y otra vez para recordar la filosofía limpia, simple e ingenua de las guitarras *hippies*, quizás porque el mundo aún necesita mucho de eso, atrapado por la velocidad, los altos edificios y la necesidad de una cuenta bancaria bien nutrida. Hoy, algunos jóvenes de espíritu *hippy* son seguidores del nostálgico sonido *pop* de los años sesenta, o de los cantautores más o menos radicales de entonces, hoy bien situados en el sistema, sean de izquierdas o de derechas, disfrutando de una sociedad de consumo. Jóvenes españoles que escuchan nostálgicos ritmos del Dúo Dinámico, de Karina, de Julio Iglesias, y se deleitan escuchando a cantautores más o menos radicales como Serrat, Ana Belén, o Raimon, o menos señalados, como Perales. Lo que más parecen buscar muchos jóvenes es una melodía fácil, pegadiza, agradable. Si esto lo ofrecen unos u otros, poco importa.

La gran mayoría de jóvenes se identifica con y buscan esto. El 60 por 100 de los encuestados señalan que para ellos la música que más les interesa es el *pop* o la de cantautores. En esta opción están más sobrerrepresentadas las chicas que los chicos. También es la más aceptada por los mayores de los jóvenes, por los de clase media y alta, universitarios, más en la derecha que en la izquierda del espectro político, y entre los católicos practicantes. Abundan más en la Comunidad Valenciana, La Rioja, Canarias, Cantabria y Castilla-La Mancha.

C.4 Lolailos: «Estoy amando locamente»

Por su utilización del «lo» y el «la», acunados del palmeo, se los denomina *lolailos*. Irrumpieron con un sonido mezcla de gitano —*gipsy*—, rumba y *rock*. Fue popularizado por cantantes como Peret, Las Grecas, Los Chichos o Los Chunguitos, que dieron paso a grupos como Ketama, Azúcar Moreno, Camela o Rosario. Tachados por parte de la audiencia como cutres y horteras, otros los siguen y consolidan su éxito.

Un 3 por 100 de los jóvenes españoles se identifican más con estas tendencias que con otras. Mayoritariamente son chicas, de los extremos del espectro juvenil: muy jóvenes (quince-diecisiete años) o mayores (veintiuno-veinticuatro años). En este caso se trata claramente de jóvenes de clase trabajadora, con bajo nivel de estudios, ubicados sobre todo en Extremadura y Andalucía, más bien de izquierdas y creyentes, católicos practicantes.

C.5 'Heavies': «Mi rollo es el rock»

Es el ritmo de siempre. Permanece incombustible. Representa una forma de ver la vida desde acordes como mazazos, donde se alternan punteos, solos y *riffs* de guitarra eléctrica, verdadera contraseña y *made* del *heavy*. Comienza a principios de los setenta: Deep Purple, Red Zeppelin, Black Sabbath, y llega hasta hoy en un continuo proceso de actualización y permanencia. El dicho de que «los viejos *rockeros* nunca mueren» se va haciendo cierto. Desde aquellos *heavies* iniciales hasta Pantera o Metallica actuales se sigue oyendo el contundente sonido del *heavy*, aparatoso en ocasiones, delicado en otras, que marca unas señas musicales claras y sin muchas variaciones, aunque sí se diversifican en múltiples matices que pasan por el espectáculo de Kiss, la otra dimensión de AC/DC, el desparpajo de Van Halen, la comercialización de Bon Jovi o el tremendismo de Metallica, o por la épica de Barricada (Extremoduro). Permanece a través de ya casi tres décadas en sus diferentes variedades: *heavy* clásico, *death* metal, *grindcore, rock* urbano, *funk* metal. El *heavy* típico de vaqueros, elásticos, melena y zapatillas va decayendo. Actualmente, la estética usa una apariencia, un *look* más *typical american*. De cualquier forma, mover la melena, vestir elásticos o camisetas, deportivas y cazadora de piel negra, la «chupa» con cremalleras, beber cerveza, fumar porros y levantar el volumen hasta decibelios astronómicos, todo eso sigue existiendo. Los *heavy* no cambian. Las modas son cosas de otros. El *heavy* sigue manteniendo cierto sentimiento de barrio, de gusto ignorado por el resto y despreciado por la crítica, sigue siendo fiel. Aun con cuarenta y con barriga, el *rockero* no muere. Sigue comprando discos, a veces reliquias, y no falta en ningún concierto. Le siguen enloqueciendo los muchos decibelios de sonido. A veces se les atribuyó cierta vocación de épica urbana.

Aproximadamente, uno de cada diez españoles (12 por 100) se incluyen como oyentes y en buena medida seguidores *heavies*. En España se popularizaron sobre todo en la década de los años setenta. Por su estilo y formas, son uno de los grupos más visibles. Generalmente antimilitaristas y antiautoritarios, no suelen ser violentos, excepto quizás si han consumido sus drogas más comunes: alcohol y *cannabis*. Prevalecen entre los *heavies* los chicos, muy jóvenes (quince-diecisiete años), de clase alta y media alta, más universitarios que en estudios secundarios o primarios. Residen sobre todo en Madrid y en las dos Castillas. Más autoposicionados a la izquierda que a la derecha política, y en la increencia, ateísmo o agnosticismo.

C.6 'Punk', 'hardcore', 'skate', melódicos, 'straight edge'

La crisis de mediados de los setenta proporciona el tiempo para la irrupción de una nueva forma de entender mundo, vida y música. En Estados Unidos, y especialmente en algunos ambientes londinenses, hacia 1976, aparece una nueva expresión estético-musical: el *punk*. Es un nuevo movimiento de repulsa ante lo que algunos jóvenes consideraron como un anquilosamiento de la música y la sociedad. Quieren también romper con el *rockero* de mansiones lujosas, traje de abalorios y música cuidada. La primera avalancha *punk* la forman grupos como The Clash, Damned, Sex Pistols o Buzzcoks. Música distorsionada, procura barrer cualquier enfoque musical anterior. Del *punk* más llamativo de Johnny Rotten al más políticamente activo de The Clash, o el más divertido de Ramones, todos pretenden arrinconar los sonidos anteriores. El *punk* de postal de esos días llevaba pantalones destrozados, pelos en punta teñidos de colores llamativos y botas paramilitares. Gustan de provocar, les irrita la sociedad aburguesada, establecida, que es su enemiga, y reaccionan contra cualquier imposición social. Nutren en parte a los grupos de *okupas* e insumisos.

El *hardcore* aparece en Estados Unidos a finales de los setenta, con una actitud también contestataria, pero ahora con un *look* estético más universitario y menos dramático que la primera oleada. El *hardcore* es, básicamente, un punk acelerado con diferentes variantes: melódico, *straight edge*, etc. Grupos como Minor Threat o Black Flag representan estas corrientes.

De la unión del monopatín (*skate*) y la afición al *hardcore* surgen los Skaters. Se trata, en general, de gente bastante joven, que cuidan y propugnan una vida sana, manejan el patín habitualmente por calles y plazas, mientras escuchan su sonido *hardcore* preferido. Estéticamente resultan inconfundibles: pantalones varias tallas más grandes, hasta las rodillas más o menos, zapatillas Vans, camisetas con vistosos dibujos y sudaderas, culminando la mayoría de las veces con la gorra, visera en el cogote.

Por lo general, los *punkies* y su música operaron fuera de los circuitos comerciales. Aún hoy, los más radicales siguen lanzando discos y difundiendo sus mensajes de rechazo a lo establecido, pero el que más perdura y tiene mayor actualidad en los noventa es un *punk-harcore* más dulce y normal, con bandas musicales en auge, como Green Day, Nofx Ofsspring, versiones más suavizadas si las comparamos con las obras de la primera explosión de los años 1976-1977, aunque hoy se dan también versiones crudas, como Dwarwes o Supersuckers.

En España existe también un *punk* autóctono que nace con el llamado *rock radikal* vasco (La Polla Records, Kortatu...) a principios de los ochenta y que actualmente se aglutina con el *heavy* más callejero (Porretas, Extremoduro). No está bien visto por el *punk-harcore*, y se instala en las litronas, el porro y el buen rollo.

C.7 Los Siniestros Góticos: «Negro, que te quiero negro»

Surgen a finales de la década de los setenta, del último *punk* (*after-punk*). El lazo de unión de Siniestros y Punk será Siouxie. Se sitúan en la estética de lo oscuro, la palidez, ojeras cadavéricas, ropa negra y holgada, pelo cardado. Actitud afectada, estudiadamente triste, pintando de negro uñas, labios y resto del maquillaje. Les da por lo gótico y se cuelgan cadenas, crucifijos y otros motivos religiosos. Su música se mimetiza con su estética: describe cementerios, el más allá, la magia negra, todo ello bañado con tonos *gore*. Grupos como Joy Division, The Cure, The Mission, Bauhaus, Alien Sex Fiend, Christian Death o Sister of Mercy representan esta opción. En cine se apuntan a todo el terror clásico y se identifican con las películas de Tim Burton o las de Alex Poryas (*El cuervo*, 1993). En cómic, Sandman, del guionista Neil Gaiman, es el que se aproxima al lado más oscuro de esta corriente, no sólo en lo que se refiere al color.

De los jóvenes españoles, un 12 por 100 se sitúa en el área de influencia de esos movimientos *punks* y bajo ese tipo de expresión estético-musical, en el entorno de esa subcultura *punk*. Se mueven mal trajeados, desaliñados, por bares marginales, con su pesimismo, cierto aire anarquista y, más veces de las deseables, un tanto violentos, pese a su desideologización. Los chicos están sobrerrepresentados, y se cuentan entre los dieciocho y veinte años, es decir, son jóvenes-jóvenes y pertenecen a todas las clases sociales, sin predominar ninguna. Aumenta un porcentaje superior a la media entre los universitarios cursando segundo ciclo. Murcia, Castilla-La Mancha y Cantabria cuentan con porcentajes de *punkies* superiores a la media. Básicamente, el *punki* español se autoposiciona en la izquierda, extrema izquierda, y en el ateísmo o en la indiferencia religiosa.

C.8 'Ska', 'raggae', música 'oil', 'rastas y skins'

Rastas. El *raggae* nace del *soul* USA y de los ritmos caribeños, todo junto en Bob Marley. Este jamaicano trajo a escena, vía música, la degradación y las brutalidades del Tercer Mundo. A la vez mostraba la fuerza, el ritmo, el exotismo, el llamado «rastafarismo» de ese mismo mundo increíble y cruel. Los *rastas* siguieron el *raggae* y fumaron muchas hierbas. Con la religión siempre en la base de su música, sus trenzas enmarañadas, la marihuana dando olor a todo, el ritmo loco y divertido de Jamaica llenando el espacio, los jóvenes de muchos lugares siguieron ese juego. Al amparo de la música *ska*, el *raggae* y *oi*, surgieron otros grupos, como los *skins*.

Skins. Aunque muy variados, los *skins* surgen, como conjunto, a finales de los años sesenta, como escisión del entonces ya decadente movimiento *mod*. También vienen a ser una versión modificada de los «duros chicos elegantes» (*hard mods*) e intentan ser una expresión interracial de clase obrera. Los primeros aparecen en Inglaterra, mezcla de *rude boys* de origen jamaicano y *mods* radicalizados. Musicalmente, son fanáticos del *ska* y del *reggae* jamaicanos, así como del *oi*, mezcla del *ska* y el *punk*. Pero, más que la música, quizás los identifica su casi pasión por la pendencia y su fanatismo por el fútbol. Así, pendencieros y *hooligans*, actúan sobre todo en campos de fútbol y sus aledaños, aunque algunas variantes de los *skins* extienden su brutalidad a cualquier espacio y tiempo. Su nombre procede de la piel (*skin*) visible de sus rapadas cabezas (*heads*). La vestimenta es fácilmente identificable: pelo cortado casi al cero o al uno, polos Fred Perry, cazadora militar *bomber*, vaqueros con los bajos muy subidos y sostenidos por tirantes, calzando botas Dr. Marteus.

Pueden distinguirse diversos tipos de *skins*. Se pueden encontrar los *red skins*, grupos de extrema izquierda; los *trojan skins*, más definidos por su afición a la música de los años sesenta; los *sharp* (*skinheads against racisme prejudices*: *skins* contra los prejuicios racistas), que acentúan la componente interracial de los propios *skins*; y finalmente los *boneheads* o *naziskins*, que aparecen sobre todo en la década de los ochenta. De extrema derecha, monopolizan casi la palabra *skin*: racistas, muy pendencieros, amantes de la música *oi*, especie de *punk* combativo y vociferante. Estos *skins* nazis, a veces tienen poco que ver con los primitivos *skins*, aunque son los que más han acaparado la imagen. Como todos los demás *skins*, y aun los diferentes grupos o tribus, utilizan como medio de comunicación el conocido *Fanzine,* especie de revista, cómic, fotocopiado. Película mito para muchos *skins* sigue siendo *La naranja mecánica,* de Stanley Kubrick (1970).

Partidario de las melodías que simbolizan estos grupos se declara un 16 por 100 de los jóvenes españoles. En mayor proporción relativa son chicos, muy interclasistas, aunque curiosamente son menos los que proceden de la clase trabajadora. Se da una mayor proporción entre los de FP y primer ciclo universitario. Hay una clara sobrerrepresentación de estos jóvenes en La Rioja y el País Vasco, Canarias y Cataluña. Se sitúan en la izquierda del panorama político y entre los no creyentes, indiferentes y agnósticos, contando con alguna mayor proporción entre los jóvenes que trabajan por cuenta propia o están parados. Aparecen relacionados también con grupos de forofos ultras futboleros, que usan cualquier manifestación masiva para ejercer la violencia.

C.9 'Rap-hip/hop': «Y a ti te encontré en la calle»

En Nueva York, principalmente a finales de los setenta, y en los barrios negros de Chicago, aparecen los *rappers* como consecuencia de los comentarios o fraseos de los «pincha discos» (*disk jockey* DJ). «La palabra *rap* tiene bastantes significaciones cercanas: *to rap* significaría hablar. Esta palabra es sin duda la abreviación de *rapid* o *repartee*. El *rap* designa, sobre todo, un estilo de expresión, mitad hablada, mitad cantada, utilizando textos elaborados, rimas y ritmos; sobre una base musical producida por las mezclas de extractos de discos y otras fuentes sonoras, como el *mis*, el *sampling* y el *scratch*». (GREEN, A. M., 1997: 171). El *rap* es un ritmo negro, afroamericano, mezcla de *soul* y *funk*. La imaginería de este movimiento la aportan las calles del Bronx neoyorquino, el baloncesto jugado por negros en las jaulas metálicas de ese Bronx y los *graffiti* de las paredes. Ahí nace el *hiphop*, un modo de expresión de la cultura afronorteamericana que se expresa en una estética callejera, vestimenta portando grandes cadenas, ropa deportiva y gorras, en unos mensajes comprometidos y en imágenes violentas. La música cuenta con letras claras, pegadizas, en general ingeniosas, y sirve para bailar el gimnástico, casi contorsionista, *breakdance*, mientras se respira el mensaje social. Mucho mensaje y mucha crítica social.

Partidarios de este movimiento sociomusical se declaran un 10 por 100 de los jóvenes españoles. El perfil de estos raperos hispánicos es el siguiente:

a) chicos; *b)* de quince-diecisiete años; *c)* procedentes de la clase media-baja; *d)* chicos quinceañeros de barrios periféricos; *e)* con estudios primarios y bachillerato; *f)* se sitúan sobre todo en Madrid, Galicia, Asturias y Canarias; *g)* autoposicionados en la derecha política y, luego, en el centro-izquierda; *h)* religiosamente, hay una sobrerrepresentación de indiferentes, agnósticos, ateos y, en general, no creyentes; *i)* predominan parados y estudiantes.

C.10 'Grunges': alternativos e independientes

Los *grunges* saltan a la palestra a finales de los años ochenta, desde Seattle, sirviendo un *rock* distorsionado como *Smells like a ten spirit,* del Grupo Nirvana, al que siguieron Pearl Jam, Soundgarden, Alice in Chains o Breeders. Plantean un *rock* duro, que va de la melancolía a la rabia, comunica y sirve de refugio para grupos de jóvenes. El movimiento recibe un firme apoyo: las ventas en discos son millonarias y su popularidad fue en aumento. Los temas existencialistas se vierten en voces desgarradoras que marcan un estilo *grunge*. En España, especialmente en Gijón, va surgiendo un panorama de grupos independientes adictos a los grandes festivales. Gru-

pos como El Inquilino Comunista, Philicon Flesh, Vancouvers o Killer Barbies, son cabeceras de pósters callejeros y protagonistas radiofónicos. Alguna película refuerza las posiciones sociales de esos grupos. Así ocurre con *Historias del Kronen,* de Montxo Armendáriz, sobre la novela de José Ángel Mañas, película que incorpora la canción *Chup Chup*, de Australian Blonde. El *rock* alternativo integra casi toda la música de guitarras. Estos *grunges* alternativos no forman un grupo homogéneo, aunque sus seguidores sí tienen algunas cosas en común: cierto elitismo musical, consumidores «conscientes». Los iniciales de Nirvana presentaban una estética de ropa desastrada, pelo largo y camisas de leñador.

Alrededor de uno de cada cinco jóvenes españoles (19 por 100) se identifica con esta corriente. Básicamente se caracterizan por ser sobre todo chicos, los mayores (veintiuno-veinticuatro años) de los jóvenes, de cualquier clase social, aunque están menos representados los de clase trabajadora. Un buen porcentaje (20,7 por 100) de estudiantes se unen a esta corriente sociomusical, así como también se identifican muchos (28 por 100) de los jóvenes de izquierdas, en general católicos no practicantes (17,5 por 100), y sobre todo indiferentes/agnósticos (24,1 por 100) y no creyentes o ateos (31,6 por 100). Se sitúan sobre todo en Extremadura, Navarra, País Vasco, Cantabria y Castilla-La Mancha, siendo universitarios los que se unen en altos porcentajes (26 por 100-31 por 100) a esta corriente.

C.11 'Techno': «Bailad, malditos, bailad»

En la segunda parte de la década de los años setenta salta al panorama musical y al entorno social la música electrónica, compuesta con ordenadores, que mezclan sonidos muy diferentes. Una película famosa, *Fiebre del sábado noche* (John Badham, 1977) abre paso a este sonido discotequero del que nacerá el *house*, el *techno*, el *ambient*, el *dance* y el *bakalao* hispánico. Esta *technomusic* tiene su antecedente en una música basada en máquinas, como la usada en 1913 por Luigi Russolo (*macchina intonarrumori*). Más recientemente, lo que facilitó mucho este tipo de música *techno* fue el sintetizador Moog, que permitió ensayar sonidos electrónicos a grupos como Kraftwerk o Tangerine Dream. Al mismo tiempo, en Estados Unidos se populariza el *house*, mezcla de ritmos hispanos, *latin-house*, y negros *hip-house*, con los sonidos cibernéticos. En Gran Bretaña, los *raves* promocionan el *acid house*, crujiente y duro, contraseña de la más moderna contracultura musical que entra en España por Ibiza y luego surge en Madrid, hacia 1988 (ROBLES, 1993: 34; MAFFESSOLI, 1992: 181). En España, dentro del contexto *techno*, se instala el *bakalao*, con gran arraigo,

especialmente bailado o seguido en las distintas rutas de jóvenes los fines de semana (ruta Madrid-Valencia).

Un 31 por 100 de jóvenes españoles se declaran *bakaladeros*, es decir, que ésa es la música que más gusta o interesa a casi uno de cada tres jóvenes. Tras el *pop* y cantautores, este *bakalao* es la música seguida por mayor porcentaje de jóvenes españoles. La «foto» que identificaría al *bakaladero* español es:

a) Algo más chicos que chicas; *b)* Con estudios primarios, secundarios o FP; *c)* Prevalecen en las comunidades autónomas de Valencia, Aragón y Castilla-La Mancha; *d)* Se sitúan en la derecha del espectro político, y en un catolicismo no practicante (en general, son católico-creyentes).

C.12 Los clásicos: algo de siempre

Llama la atención que sólo el 1,2 por 100 de los jóvenes españoles prefiera la música clásica. Dado el sentido de la pregunta, la lista ofrecida y la no alusión a los clásicos, todo ello puede hacer que ese resultado no sea del todo significativo. Es posible que muchos jóvenes, aunque prefieran alguno de sus ritmos, también aprecien y gusten de la música clásica. De hecho, apreciar más una no excluye que guste también otra, pero, en cualquier caso, para la mayoría de los jóvenes la música clásica está en un segundo plano, comparada con la moderna música juvenil. Parece, sin embargo, que este hecho del exiguo porcentaje de jóvenes que prefieren la música clásica a la moderna música juvenil es algo que también ocurre en otros países de nuestro entorno.

Alan Bloom, comentando este hecho, señala: «Actualmente, la música clásica constituye un gusto especial, como la lengua griega o la arqueología precolombina, y no una parte de una cultura común, un fondo instintivo de una comunicación recíproca y una escenografía psicológica. Hace treinta años, la mayor parte de las familias de la clase media dejaron un lugar en su hogar a la música europea antigua, en parte porque la apreciaban y en parte porque pensaban que esto era bueno para los niños. Los estudiantes habían sido dotados de una forma de sensibilidad precozmente asociada a Beethoven, a Chopin, a Brahms, que constituía una parte permanente de su personalidad» (BLOOM, 1987: 75).

A. M. Green incide en igual hecho: la música clásica es poco apreciada por la mayoría de los jóvenes, y ni la enseñanza de la música en las escuelas ni la misma tradición familiar han logrado variar esto. Puede afirmarse que «la enseñanza musical dispensada por la institución escolar no tiene ninguna influencia sobre el deseo de proseguir una práctica musical fuera de la escuela; la influencia de la familia es más fuerte y favorece el acceso a una práctica activa de la música, particularmente cuando la misma familia tiene una actividad musical, esencialmente el padre; la música clásica, la más legitimada en los programas escolares, representa un género muy poco apreciado (aunque es el género al cual corresponde la mayor parte de la diferenciación relacionada con el medio social)» (GREEN, A. M., 1997: 107).

Seis de cada diez jóvenes españoles optan, sobre todo, por una música moderada, melódica, *pop*, de cantautores, cualquiera que sea su significación política. De dos a tres jóvenes tienen preferencias por alguno de los movimientos sociomusicales modernos, lo que nos indica que no son tan minoritarias esas tendencias juveniles más radicales. Hay, pues, una minoría significativa (20 por 100-30 por 100) de jóvenes para los cuales las tendencias musicales y sociales asociadas a ellas representan un lugar de autosocialización.

3.2.4 Fenómenos subsidiarios: los 'fans'

Muchas de estas músicas se transmiten por empatía y contagian la «química» de cientos de jóvenes que aguantan un ritmo loco, sobre todo los fines de semana, en las rutas que se marcan pandillas y tribus urbanas. En muchos casos, bebidas, litronas, drogas de

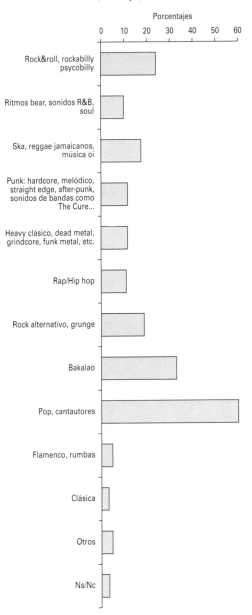

Ritmos que más gustan o interesan
(Porcentajes)

o sin diseño y una especie de arte multimedia, completan el panorama.

Estas músicas y sus grupos, ordenados por los DJ (*disk jockey*) de las discotecas, crean un fenómeno subsidiario: el de los *fans* o seguidores radicales o enfervorizados. La denominación procede de la palabra inglesa *fan*, abreviatura de *fanatic* (en castellano, fanático). Este fenómeno social, conectado con la música que hemos descrito y los negocios discográficos y musicales, parece que se originó como tal con los seguidores de Elvis Presley, que aglutinó una organización de este tipo de aficionados a ese ídolo y su música, y que aún hoy, desaparecido él, continúa su culto. Alguno de esos grupos aglutina hasta sesenta mil jóvenes. Nació formado sobre todo por chicas, en parte como alternativa a los clubs deportivos de los chicos. El marketing y el *merchandising* de empresas interesadas en esos fenómenos son, en buena parte, los responsables de esos grupos de *fans*. Tras Elvis Presley, los Beatles, Rolling Stones y John Travolta forman sus clubs de fans, que aún hoy persisten con cierto vigor social.

En los últimos años, especialmente en la década de los noventa, el *boom* de los grupos de *fans* lo protagonizan sobre todo chicas cada vez más jovencitas,

casi niñas. Este tipo de movimiento de las *fans* no es tan inocente, espontáneo y desinteresado como puede parecer a primera vista. Incluso al basarse en esa manipulación de sentimientos, puede resultar algo arriesgado o peligroso. Si el ídolo o los ídolos de un grupo de fans sufren un revés o desaparecen, puede producirse un verdadero problema psíquico para sus *fans*. Cuando se rompió el grupo Take That, centenares de adolescentes se plantearon el suicidio, lo que indujo a la casa discográfica a crear una línea telefónica especializada en antidepresión.

Estos grupos de *fans* tienen que ser controlados, a veces, por un verdadero despliegue policial y contar con otros servicios, como los sanitarios. En 1998, Backstreet Boys suspendió un concierto en Madrid por temor a una avalancha humana, y cerca de cuatrocientas *fans* tuvieron que ser atendidas por su desilusión al no oír a sus ídolos. El seguimiento de las *fans* se da porque les interesan sus ídolos. Esos ídolos se convierten en modelos para que los jóvenes puedan construir su propia identidad y puedan también crearse vínculos sociales. Estos ídolos-modelos para la juventud son una alternativa al modelo familiar: el cantante o la cantante-ídolo modélico sustituye a la figura del padre/madre. El dinero que mueve todo esto es mucho. El mercado que suponen tantos y tan fanáticos jóvenes compradores es significativo. Se calcula, por ejemplo, que el 30 por 100 de las compras de discos fabricados en España en los últimos años las han efectuado jóvenes menores de diecisiete años. La juventud se convierte en un buen mercado y el mercado se retroalimenta.

3.3 Perdidos en la noche

No es raro oír hoy a más de un adulto, y en especial a los padres, comentar, entre extrañados e indignados, cómo los jóvenes han hecho de la noche el espacio de gran parte de sus vivencias. Ríos Martín (1997: 877), en un interesante artículo, describe la noche como:

1) lugar de denuncia y rebeldía juvenil ante el paro y las dificultades de su inserción social; 2) espacio de libertad y autonomía de los jóvenes, compensatorio de la dependencia familiar y de las dificultades para formar la familia propia; 3) expresión de la moda; 4) forma de identidad y, al tiempo, espacio que oculta la debilidad del joven, la inseguridad que en el fondo de sí tiene cada uno; 5) espacio de la invisible violencia de los adultos, que facili-

tan la prostitución de jóvenes; 6) espacio de la huida juvenil de un mundo en el que hay una carencia de proyectos comunitarios y aun de personal solidario; 7) máscara que usan jóvenes y adultos para tapar el miedo a un futuro nada claro, competitivo.

También la noche de las calles o de las cárceles es un lugar normal en el que viven algunos jóvenes, prostituidos, marginados, sin techo o procedentes de la cárcel.

Hay que considerar que, comparada con otros países, España, y en general los países mediterráneos, fueron siempre más «noctámbulos» que otros, pero el fenómeno que ahora está sucediendo es que los jóvenes emplean la noche más que el día en fines de semana, días de ocio y de vacaciones. Lo que está ocurriendo es que ir de «finde» (*fin de semana*) es salir el viernes por la tarde y volver el domingo de madrugada. La noche ya no es lo que resta del día, lo que sobra, sino lo que sustituye al día. Sobre todo en vacaciones, sucede que algunos jóvenes se levantan casi a la hora de comer, durmiendo por la mañana, comen algo y se preparan para salir al atardecer, vivir la noche y retornar a casa de madrugada. Lo que está sucediendo es que en buena parte del mundo juvenil se ha trastocado el tiempo, el día y la noche, y el sentido que se tenía de nocturno y diurno. El mundo de los adultos parece que ha perdido la batalla sobre el control de los horarios, y le han ganado la guerra de la noche, que es un espacio de jóvenes. Incluso se podría decir que ahora la noche es más un espacio de jóvenes inocentes que de adultos golfos.

La noche es ahora «símbolo del presentismo y seña clave de la identidad juvenil (...), el mito que tan bellamente comenta José Luis Abellán, la noche que suspende el tiempo, el calendario y el reloj, aparca la disciplina y el control social, borra momentáneamente al adulto y sus reglas, proporciona a los jóvenes un espacio vital propio en el que florece la transgresión, mayor o menor. La noche posee también un vertiginoso potencial movilizador por sus ingredientes mágicos, aunque no conduzca a ninguna parte, pero abre el portillo a la esperanza, necesidad absoluta de la generación juvenil y de todas las generaciones jóvenes o adultas de todos los tiempos» (GONZÁLEZ-ANLEO, J., 1998: 32).

La noche para los jóvenes tiene, pues, una serie de significados que la hacen diferente de lo que es para los adultos. Los jóvenes consideran su noche como

a) algo indiferenciado respecto al día, un presente único para ser vivido sin dicotomías adultas, tales como «día para trabajar, noche para descansar»; *b)* un espacio de tiempo, sacado del tiempo que planifican los adultos. En ese espacio-noche, las cosas no se planifican, no se racionalizan; simplemente se disfrutan, se sienten, se gozan o se pasa en compañía, gozando de lo improvisado y de la cercanía, del intercambio con los demás; *c)* un tiempo no controlado socialmente, sin la vigilancia de los mayores. Las normas las establece la dinámica del propio grupo, no los agentes sociales a los que se ignora. Así, muchas más cosas son posibles en ese tiempo de noche arrebatado al tiempo general; *d)* un tiempo de libre disposición, donde se procura hacer todo lo que no se puede hacer durante la semana; por ello, ese tiempo se procura aprovechar, realizando rutas propias, donde sólo se encuentran pares, amigos, como uno o una, haciendo lo mismo; *e)* un espacio de nocturnidad propio, benéfico y para disfrute, sin ningún sentido de agravante, ni de negatividad, como lo era para los adultos.

En muchos casos, sobre todo en época de vacaciones, los jóvenes invierten el ciclo día-noche. Así se preparan para salir por la tarde, viven la noche y duermen por la mañana. Cada vez es más frecuente volver al alba, produciendo una trasmutación del orden del tiempo adulto, con lo que se crea un espacio privilegiado, algo propio y casi mágico, de autorrealización, de socialización con el grupo de iguales: la noche de los jóvenes.

No es extraño, así, en una sociedad como la descrita, encontrar a unos jóvenes con las pautas de conducta reseñadas respecto al uso de la noche. La gran mayoría de los jóvenes españoles salen por las noches todos los fines de semana (65 por 100) o con cierta frecuencia, una o dos veces al mes (19 por 100). Son muy pocos los que no lo hacen, los que no salen prácticamente nunca por la noche (4 por 100), o con poca frecuencia (13 por 100). Se puede decir que ocho de cada diez jóvenes salen por la noche los fines de semana frecuentemente. Y que la noche es un espacio típicamente de jóvenes (*Tabla 9*).

Los jóvenes que trabajan, sobre todo por cuenta propia, los que se autoposicionan más a la izquierda del espectro político, los indiferentes, ateos, agnósticos y no creyentes en general, así como los universitarios, son los que suelen salir con mayor frecuencia. No existen casi diferencias por género, aunque aún se constata una ligera mayor frecuencia de salidas nocturnas por parte de los chicos. Lógicamente, los más jóvenes (quince-diecisiete años) son los que menos salen por la noche, creciendo el porcentaje al subir la edad, pero aun a una edad temprana (quince-diecisiete años), el porcentaje de jóvenes que salen por la noche es significativo. Por clase social, se constata que los jóvenes de clase trabajadora suelen salir algo menos, siendo los de clase media-media los que más frecuentan las noches. Sólo una pequeña minoría (14 por 100) vuelven a casa antes de la una de la madrugada. Este grupo parece más bien que alarga la tarde, y no tanto que salga de noche. Se trata mayormente de los más jóvenes, pues a medida que avanza la edad se vuelve a casa más tarde. Un 21 por 100 de jóvenes retorna al hogar antes de las tres de la madrugada, junto a otro 20 por 100 que lo hace antes de las cuatro. Un tercio de los jóvenes que salen de noche (33 por 100) vuelve después de las cuatro, ya casi pasada la noche, a lo que hay que añadir el 11 por 100 de los que no vuelven hasta la mañana siguiente. Así puede decirse que:

a) no hay una hora, que sea la misma para todos los jóvenes, de volver a casa; *b)* casi la mitad (44 por 100) están fuera prácticamente toda la noche, y *c)* la vuelta se hace escalonadamente, volviendo más tarde cuantos

Tabla 9

*Utilización de la noche por los jóvenes, según autonomías,
nivel de estudios, ocupación y posicionamientos político
y religioso*

	Sale todos los fines de semana	Nunca sale	Diferencia
Autonomías	A	B	A-B
TOTAL	65	4	+61
Andalucía	76	2	+74
Aragón	81	4	+77
Asturias	57	9	+48
Baleares	57	6	+51
Canarias	43	9	+34
Cantabria	61	5	+56
Castilla-La Mancha	86	1	+85
Castilla y León	69	1	+68
Cataluña	42	6	+36
Comunidad Valenciana	69	2	+67
Extremadura	86	—	+86
Galicia	43	5	+38
Madrid	68	5	+61
Murcia	71	3	+68
Navarra	67	2	+65
País Vasco	78	2	+76
Rioja, La	72	2	+70
Nivel de estudios			
Primaria-ESO	45	9	36
BUP	62	4	58
FP	71	4	67
Universidad 1.er ciclo	74	4	67
Universidad 2.º-3.er ciclo	75	*	75
Ocupación			
Trabaja	69	2	67
Cuenta ajena	69	2	67
Cuenta propia	71	1	70
Parado	68	3	65
Estudiante	63	4	59
Resto	41	11	30
Autoposicionamiento político			
Izquierda	71	2	69
Centro-izquierda	64	4	60
Centro-derecha	60	3	57
Derecha	62	3	59
Autoposicionamiento religioso			
Católico practicante	57	6	51
Católico no muy practicante	64	4	60
Católico no practicante	62	4	58
Indiferente/Agnóstico	70	2	68
Ateo/No creyente	74	1	73

más años se tienen o menos jóvenes son.

Los jóvenes de clase media-media, que son los que más frecuentemente salen por la noche, son también los que antes vuelven. Por el contrario, los de clase trabajadora, que salen algo menos, están fuera casi toda la noche, volviendo a casa de madrugada. Parece, pues, que el sentido de salir de noche tiene significados diferentes para los jóvenes de clase media que para los de clase trabajadora, que parecen salir menos frecuentemente, quizá porque tienen que trabajar al día siguiente; pero cuando salen, quizás el fin de semana, lo hacen más a tope y aprovechan toda la noche. Los que trabajan, sobre todo por cuenta propia, tienden a volver al hogar más tarde, entrada la madrugada o al día siguiente.

Los parados son uno de los grupos de jóvenes que retornan al hogar más tardíamente: casi un 50 por 100 lo hacen después de las cuatro de la madrugada o al día siguiente (17 por 100). En el caso de los estudiantes, el retorno es algo más temprano, pero una mayoría aprovecha la mayor parte de la noche, cuando sale, para disfrutar de ese tiempo. Obligaciones laborales y disponibilidades económicas parecen ser dos variables que afectan

el retorno tras las salidas nocturnas. Por contar con unas pautas de comportamiento más abiertas y permisivas, los jóvenes situados más a la izquierda del espectro político, así como los menos o nada creyentes, agnósticos, ateos e indiferentes, son los que acostumbran estar fuera casi toda la noche y, en mayor proporción, retornan a la mañana siguiente.

El retorno al hogar se hace de forma escalonada. No todos vuelven igual de tarde. Los más jóvenes lo hacen antes. Quizás haya ahí una pauta para algunos padres indecisos que, si no pueden evitar ese tema, no aceptan la misma hora para cualquier edad o situación. A veces, cierto seguimiento y constancia por parte de los adultos es aconsejable, aun en casos en que los adultos han tenido que ceder en casi todo.

Pero quizás, tras constatar el hecho de las salidas nocturnas, sistemáticas, frecuentes y con una duración significativa de los jóvenes, lo que interesa más es saber qué significan esas salidas para los jóvenes. Lo mejor es conocer lo que los propios jóvenes piensan y corroborar así o anular las hipótesis o explicaciones previas. Los motivos expuestos por los jóvenes son múltiples y todos ellos con cierto peso porcentual, sin que haya uno o dos como preponde-

Horas de regreso de las salidas nocturnas

rantes. En conjunto, los motivos que aportan los jóvenes se enmarcan en tres coordenadas básicas:

1) se hace algo diferente, con cierto misterio; 2) se siente uno más libre; 3) es un tiempo propio de los jóvenes.

La noche los saca de la rutina. Además, esto añade cierto encanto, con lo que se compensa el déficit de sueños que hay en una sociedad un tanto desencantada por el racionalismo pragmático, que tiñe unas relaciones sociales un tanto deshumanizadas. Por otra parte, la noche, al prescindir de los adultos, en buena medida parece que procura a los jóvenes un mayor sentimiento de libertad, de ha-

cer lo que quieren sin ser tutelados o vigilados. Así se adueñan de ese espacio como de algo propio, más suyo.

Sólo un pequeño grupo, algo más de uno de cada diez jóvenes, consideran la noche igual que el día, sin especificidad propia. Las diferencias por género casi no existen, en la valoración y significado que dan a la noche chicos y chicas. Los jóvenes de clase alta la consideran un espacio joven y con encanto. Los de clase media-media ven en la noche la sensación de algo diferente.

Por edades, los más jóvenes, que son los que menos salen y llegan antes a casa, destacan la mayor libertad que procura la noche. Los jóvenes intermedios (dieciocho-veinte años) destacan más los aspectos que tiene la noche de diferente y de propio de los jóvenes. Los jóvenes más mayores (veintiuno-veinticuatro años) se fijan sobre todo en el encanto que aporta la noche, aunque son los que en mayor proporción la equiparan al día. Las ocupaciones apenas marcan diferencias significativas en la apreciación de los aspectos de la noche, pero no así el nivel de estudios. Para los jóvenes de Secundaria, el aspecto más relevante es la mayor libertad que hay en ese espacio nocturno, pero valoran menos que los demás lo que tiene de diferente, de no rutinario, que sea más propio de los jóvenes y que añada encanto. Parece, pues, que a los más jóvenes les atrae la noche, sobre todo por la libertad que procura. Los estudiantes de Bachillerato se fijan en el encanto que añade la noche, pero son los universitarios, sobre todo los de segundo/tercer ciclos, los que más difieren en las pautas del resto. En este caso valoran mucho el encanto, el misterio que aporta la nocturnidad a sus salidas, y valoran menos el hecho de que la noche dé más libertad o procure mayor independencia.

Los jóvenes que se autositúan en el centro político difieren poco entre sí y de los demás en su estimación del significado de la noche. Por el contrario, los situados en la izquierda y en la derecha valoran diferentemente tres aspectos:

a) hacer algo diferente, no rutinario; b) la sensación de libertad; c) el encanto que añade la nocturnidad.

Los jóvenes católico-creyentes aprecian más la libertad que parece otorgar la noche. Los indiferentes, ateos, agnósticos y, en general, no creyentes, valoran sobre todo el no control, el encanto y el carácter propio de joven que parece tener la noche.

3.4 Sexo: la liberación insatisfecha

Hubo un tiempo en que lo sexual parecía apenas tolerado. Se proclamaba que cantidad de tabúes asolaban esta vital zona humana y, por tanto, lo que buscaba mucha gente era liberar sexualmente a sus congéneres y especialmente a la juventud. Poco a poco (década sesenta-setenta), la sociedad se fue liberando, haciéndose más abierta y tolerante. Con el cambio de sistema político, llegó la liberación sexual. Veinte años después se han consolidado algunos avances, pero aún permanecen dudas y dificultades. El tema está aún lejos de darse por equilibrado y la solución no está en volver al pasado.

Hoy se mezclan muchas cosas, tales como culto al cuerpo, erotización del clima social, privatización de lo referido a la sexualidad, ruptura de relación entre sexo y amor, y hedonismo, coloreándolo todo.

Se da un cierto culto al cuerpo porque se lo considera cada vez más como parte esencial de la persona humana. La dicotomía cuerpo-alma ponía al primero (parte animal) bajo la segunda (parte espiritual). Hoy, esa diferencia un tanto aristotélico-platónica va perdiendo vigencia o, al menos, no es hegemónica. El cuerpo forma parte de la identidad de cada persona. Al limitarla, la individualiza, y pasa a ser un valor propio. No se considera ya como un mero accidente. Al constituirse en valor de la persona humana, ésta procura defender los derechos de su propio cuerpo y amparar su pleno funcionamiento. Ahí se basan una serie de argumentos para rechazar la tortura en cualquiera de sus manifestaciones, posicionarse contra la pena de muerte, evitar la explotación de los cuerpos o su degradación, luchar contra la mercantilización de órganos humanos, procurar no sólo la salud sino también mantener en forma el propio cuerpo, y, en la misma línea, defender una sexualidad plena.

Al mismo tiempo, en nuestras sociedades se tiende a sobrevalorar el cuerpo, lo que conduce a una permisividad excesiva y blanda. Así se procura gozar del sexo sin reparar en el amor; se compra la libertad sexual de algunas personas, en muchos casos jóvenes, para atraparlas en redes de prostitución; se reduce el cuerpo a mero reclamo publicitario; se manipulan las imágenes en una pornografía corrupta; se aumentan las excitaciones para obtener más y más placer y, así, se acaba casi embotando la sensibilidad y cansando la imaginación.

Algún escritor, en una sobrevaloración del cuerpo, acaba considerándolo como una fuente incluso de verdad, afirmando: «Lo que pide el cuerpo es verdad; no lo traiciones nunca». Cada vez se separa más lo sexual, lo erótico y la comunión, el «ágape» en integridad con la otra persona. El amor como pasión se considera como compuesto de un sentimiento vivido (a-racional), junto a una elección personal (racional, inteligente y libre) y añadido a una especie de impulso o atracción involuntaria en la que se inserta lo corporal. Así, el cuerpo es parte de la misma pasión amorosa y no un mero «añadido carnal». Como ha indicado alguien, «la nueva relación del yo con el propio cuerpo lleva a una recuperación del eros, del erotismo, que a su vez lleva a lo corporal como atracción que tenemos a una persona entre otras».

El doctor López Ibor señala que los aspectos negativos de la llamada liberación sexual pueden estar también produciendo nuevas alienaciones, nuevos tabúes, y que en lugar de llevar a una mejor edificación de la persona humana, ese tipo de sexualidad sirva para cubrir otras frustraciones. «Lo que hay en el fondo de ese estado de privatización que padece el hombre contemporáneo no es más que una forma de ansiedad. La sexualidad es un narcótico de la ansiedad». (LÓPEZ IBOR, J. J., 1984).

Ahí reside otra de las pautas actuales: todo lo relativo al sexo se privatiza, se considera propio de decisiones personales, sin que pueda interferir norma alguna social. Cualquier institución social (familia, matrimonio, Iglesia, autoridad civil, etc.) debe abstenerse de opinar sobre los actos sexuales o sus consecuencias, y no deben tratar de poner sus normas: el sexo es un asunto privado, dicen, y cada persona se organiza o inventa su realización. Así, se trata de privatizar cualquier tipo de experiencias amatorias, heterosexuales o no. De esta manera, instituciones como el matrimonio orientado hacia la familia ya no se ven como el único lugar para la práctica sexual. Las relaciones sexuales plenas se podrán dar con cualquiera, en casi cualquier lugar. Por otra parte, al privatizar esas relaciones sexuales, sus posibles problemas se procurarán tratar privadamente, con expertos en ese tipo de problemas. Así, se psicologiza la sexualidad y será el psicólogo-sexólogo quien explique, ayude o corrija la actividad sexual.

Junto a ello, se está produciendo un abandono de los rituales, de las formas en el quehacer sexual. Se están descuidando hasta los últimos reductos que quedaban en un mundo ya desencantado. Se hace sexo de usar y tirar, sexo vacío o sexo frío. Las consecuencias de esos procesos de extensión, privatización, psicologización y desencantamiento de las relaciones sexuales y, en general, de la erotización creciente de la sociedad se plasman en otra serie de nuevas pautas de vivir la sexualidad:

1) se tiende fácilmente a reducir lo sexual a lo genital; 2) se busca una calculada ambigüedad en la diferenciación sexual; 3) se intenta una igualdad casi total de los géneros; 4) se presentan muchas conductas y cosas, no mayoritariamente practicadas, como lo normalmente vi-

gente hoy; 5) se dispara lo instintivo, individual y colectivo, y luego se tratan de justificar racionalmente las consecuencias, algunas no deseadas; 6) practicar las relaciones sexuales plenas se plantea como una exigencia normal, dentro o fuera del matrimonio, a cualquier edad; 7) se considera que hay que lograr el éxito en lo sexual como en otros campos: profesional, intelectual o económico. La sociedad competitiva se prolonga a lo sexual, y el miedo a no tener éxito hace que en algunos casos se falseen las relaciones, incluso las verdaderamente sexuales; 8) se separa amor de fecundidad, fecundidad de sexualidad, incluso la sexualidad se reduce a veces a genitalidad. Curiosamente, a ese ejercicio de lo genital se le llama hacer el amor, en una corrupción del lenguaje; 9) se busca una práctica del sexo sin misterio ni sueño alguno y casi sin otra persona, pues sólo se la utiliza. Es el sexo anónimo, al que se ha quitado casi todo significado, para dejarlo en «necesaria descarga biológica».

En este contexto permisivo, cambiante y relativista, no es extraño tropezar con actitudes que quieren pasar por avanzadas. Casi seis de cada diez jóvenes están de acuerdo en que «dos jóvenes pueden hacer el amor siempre que les apetezca a ambos», mientras que el autocontrol sólo lo apoyan uno de cada cinco (21 por 100). Comparado con datos de un estudio anterior (1994), parece claro que los jóvenes son hoy mucho más permisivos, dejando atrás a los de otros países europeos en la aceptación de varios aspectos relacionados con esta sexualidad.

En general, se muestran más partidarios de la opción «hacer el amor, siempre que les apetezca a ambos», los jóvenes: a) de izquierdas; b) católicos no practicantes y, sobre todo, indiferentes, agnósticos y ateos; c) los chicos; d) entre los dieciocho y veinte años; e) de la Comunidad Valenciana, Extremadura y, sobre todo, del País Vasco; f) los que trabajan.

De acuerdo con la opción «autocontrolarse y no hacer el amor siempre que apetece también es un valor», se muestran los jóvenes: a) católicos practicantes; b) de derechas y centro-derecha, pero también los de centro-izquierda; c) chicas; d) bachilleres.

Hay que hacer notar que, aun en el espacio de tiempo que abarca la juventud (quince a veinticuatro años) respecto a la aceptación o rechazo de las dos pautas sexuales expuestas, las actitudes de los jóvenes varían. En las edades extremas (jóvenes más jóvenes [quince-diecisiete años] y jóvenes mayores [veinte-veinticuatro años]) se modera la aceptación de la pauta más permisiva y se acentúa la aceptación de la pauta más restrictiva, mientras permanece en cualquiera de los grupos de edades prácticamente el mismo porcentaje de relativistas que señala que «depende, según los casos». Parece, pues, que tras una etapa más permisiva (dieciocho-veinte años), los jóvenes se moderan bastante en este tipo de permisividad sexual.

Aunque los católicos practicantes son los que más aceptan la opción restrictiva, esto lo hace sólo el 22 por 100, mientras el 15 por 100 de ese mismo tipo de buenos católicos se muestran relativistas y dicen que «según los casos», a los que hay que añadir casi la cuarta parte de ellos (24 por 100) que dicen no tener opinión. Esto pone de manifiesto que incluso entre los católicos practicantes prevalecen las posturas contrarias a las directrices de la moral católica y que la separación jóvenes-fieles-institución parece ser bastante grande. Los jóvenes de clase media-media son los que parecen estar más en duda. Es en Galicia y en Cataluña donde se da un menor porcentaje relativo de apoyo a la opción permisiva y un mayor apoyo relativo a la opción restrictiva, aun cuando el secularismo en Cataluña es bastante significativo.

En general, esos resultados concuerdan con la postura de no seguir las directrices de la Iglesia católica (71 por 100), especialmente en estos temas sexuales, en los que los jóvenes se consideran con libertad para elegir sus opciones (91 por 100). Las posturas respecto a la sexualidad no influyen en la declaración de identidad religioso-católica de los jóvenes. Sólo un 6 por 100 de jóvenes considera como condición para tener a una persona por religiosa que «no tenga relaciones sexuales completas hasta formar una pareja para casarse». Todos estos datos van indicando que lo sexual se considera al margen de lo religioso; que la sexualidad no admite normas de la Iglesia; que es un asunto privado, dependiente del deseo y aceptación de ambas partes. A los jóvenes les queda ya muy poco que liberar en el campo sexual. Consideran, además, que en estos temas no piensan de modo muy distinto que sus padres.

· No obstante, lo importante para ellos es la familia, el trabajo, la amistad, ganar dinero, incluso el ocio y el tiempo libre. Los jóvenes, pues, relativizan la importancia de la sexualidad y la sitúan en un plano de interés para sus vidas, pero tras otras cosas. Llama la atención que, aun siendo auténticamente bombardeados por un erotismo-ambiente, incluso por presiones sexualizantes y pornográficas, no caen en una sobrevaloración de lo sexual.

3.5 Asociaciones y voluntariado: el espacio poco usado

En las últimas décadas se van desarrollando mucho las organizaciones de voluntariado. La ley define ese voluntariado como «el conjunto de actividades de interés general desarrolladas por personas físicas en el seno de una organización, al margen de toda relación laboral o funcionarial». El carácter de donación gratuita de tiempo y trabajo en favor de los demás hace que este tipo de organizaciones puedan ser muy interesantes en el proceso de socialización para los jóvenes. Hoy parecen ir en aumento, y parte de ese voluntariado lo componen jóvenes de ambos sexos (GONZÁLEZ BLASCO, P., y GUTIÉRREZ RESA, A.: 1997). Hemos querido indagar en esta línea de las organizaciones de voluntariado para conocer su aceptación por los jóvenes y su posible compromiso. En general, el grado de aceptación de todos los movimientos sociales es bastante alto. Algunos de ellos rebasan el nivel de «bastante». Los que alcanzan mayor aceptación son los que se refieren a la defensa y promoción de los derechos humanos (media:

3,34) y los que tratan de ayudar a los enfermos de sida (media: 3,35). La visualización a través de los MCS y la alarma creada por la propia enfermedad del sida han repercutido en la aprobación de los movimientos sociales preocupados por este grave problema. También se dan una serie de grupos interesados por ecologismo, pacifismo, ayuda a inmigrantes o refugiados y movimientos en favor de la mujer (medias: entre 3,12 y 3,26). Hay factor estimulante del voluntariado en la frecuencia en los MCS de accidentes medioambientales, tormentas, terremotos, etc., o de problemas surgidos del racismo y de la discriminación, así como la relación de alguno de ellos —el pacifismo, por ejemplo— con el servicio militar, cuyo cambio a profesional, con extinción del obligatorio, ya casi es un hecho. El tema de los derechos de la mujer, de la violencia doméstica, de los malos tratos que algunas mujeres reciben y, en general, de su promoción cultural y social, es casi permanente en la sociedad actual y constituye uno de los hechos sociales más representativos del momento. Por ello, no es extraño que haya un nivel relativamente alto (media por encima de 3) de aceptación para los movimientos sociales que se interesan por la solución de tales temas.

Hay dos temas que parece han descendido algo en la apreciación de la opinión pública: los movimientos en favor de *gays* y lesbianas, y el apoyo a la objeción de conciencia. La desactivación de éste guarda relación, sin duda alguna, con la supresión del servicio militar obligatorio. El caso de los *gays* y lesbianas sigue estando vivo en la conciencia social, pero como tema de reivindicación social parece estancado, en parte por haber logrado ya algunos derechos por los que lucharon, y quizá también porque, para una parte de la opinión pública, una equiparación de estos colectivos *gays*-lesbianas con los heterosexuales no es correcta y una equiparación total no es posible. En los últimos se sitúan los grupos pro vida, en contra del aborto, considerados «conservadores» por algunos segmentos de jóvenes.

Los movimientos nacionalistas encuentran el apoyo más escaso (media: 2,12) por parte de los jóvenes, probablemente porque ese fenómeno político-social sólo se vive en algunas zonas de España. Para el conjunto, el apoyo se diluye mucho, y no es igual en el País Vasco (2,39), Cataluña (2,41), la propia Galicia (2,45) como en otros.

En general, más las chicas que los chicos se muestran a favor de aceptar todos estos movimientos sociales, especialmente los de apoyo a la mujer. Por grupos de edades, no se encuentran diferencias significativas. Cualesquiera sean las edades, hay una cierta homogeneidad en los resultados respecto del apoyo a esos movimientos sociales. Incluso en el más general de ayuda «a los derechos humanos» se aprecia un ligero aumento del apoyo al crecer la edad. Por clase social, tampoco se aprecian diferencias importantes, sino sólo ligeras tendencias. Los jóvenes de clase trabajadora se muestran algo menos en contra de la segregación racial, y algo más a favor de movimientos nacionalistas. Según desciende la clase social, descienden los apoyos en favor de los derechos humanos. Entre los jóvenes de clase alta o media-alta desciende algo el apoyo a los movimientos en favor de la mujer. Los estudiantes, en general, apoyan algo más la mayoría de esos movimientos. Acaso sea un sesgo normal de su edad y situación apoyar todo lo que parezca más nuevo o menos aceptado por los adultos. Ecologismo, pacifismo, objeción de conciencia-insumisión, movimientos pro mujer, defensa de los derechos humanos, contra la segregación racial, homosexualidad y lesbianismo, y apoyo a refugiados o inmigrantes, cuentan con mayores apoyos en la izquierda que en la derecha. Quien menos apoya el nacionalismo es el centro, tanto de derecha como de izquierda, y algo más las izquierdas o derechas sin más. El movimiento pro vida es más apoyado desde la derecha, lo que parece lógico.

Los creyentes, más o menos practicantes, apoyan algo menos que los no creyentes, ateos y agnósticos esos movimientos sociales, excepto en lo que se refiere al respeto a la vida y a los enfermos de sida. En el tema del nacionalismo, los católicos no muy practicantes se muestran algo más a favor. Se refleja ahí, quizás, un sector social de clases medias, creyente pero un tanto secularizado, que apoya esa tendencia y posiblemente milite en partidos nacionalistas no de izquierdas.

A pesar de darse una aceptación relativamente importante de los diversos movimientos sociales, los jóvenes, al igual que los adultos, son poco dados a comprometerse públicamente en instituciones sociales o políticas. En general, el nivel de asociacionismo ha sido bajo, y así continúa entre los jóvenes españoles. Siete de cada diez jóvenes no pertenecen a ningún tipo de asociaciones.

Los pocos que pertenecen a alguna asociación es sobre todo a las deportivas (12 por 100), lo cual viene sucediendo desde hace años. A ese tipo de asociaciones las siguen las organizaciones y grupos juveniles, como *scouts*, guías u otros similares (5 por 100), así como peñas, cofradías, o bien organizaciones de tipo local o regional (6 por 100), que han visto crecer su afiliación. En el mismo nivel (6 por 100) se sitúan las asociaciones educativas, artísticas y culturales. Las asociaciones o sociedades de tipo religioso parece que han retrocedido incluso en su capacidad de captación, coincidiendo con el creciente secularismo de la sociedad. De cualquier forma, ese asociacionismo religioso aún mantiene un porcentaje de participación superior al de otros tipos de asociaciones. Las organizaciones de carácter benéfico-social se sitúan en un bajo aunque interesante 3 por 100 de participación. Probablemente no dejan de tener incidencia algunas asociaciones de voluntariado. Lo ecológico ejerce también un cierto nivel de atracción para un 2 por 100 de jóvenes, quedando los demás tipos de asociaciones por debajo de los niveles apuntados (aproximadamente, un 1 por 100).

Aunque socialmente parecen de moda una serie de asociaciones relaciona-

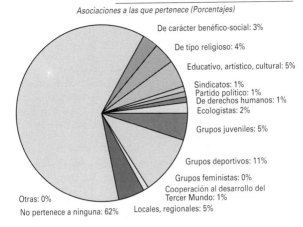

Asociaciones a las que pertenece (Porcentajes)

De carácter benéfico-social: 3%

De tipo religioso: 4%

Educativo, artístico, cultural: 5%

Sindicatos: 1%
Partido político: 1%
De derechos humanos: 1%
Ecologistas: 2%

Grupos juveniles: 5%

Grupos deportivos: 11%

Grupos feministas: 0%
Cooperación al desarrollo del Tercer Mundo: 1%

Locales, regionales: 5%

No pertenece a ninguna: 62%

Otras: 0%

das con temas de aparente atractivo para los jóvenes, su capacidad de movilización real es muy limitada; de hecho, integran a pocos jóvenes. Los chicos se implican algo más en lo deportivo y en asociaciones de tipo regional y local, y menos en movimientos a favor de la mujer, al revés de las chicas, que sienten escaso atractivo por las organizaciones deportivas. Los mayores entre los jóvenes (veintiuno-veinticuatro años) presentan el mayor porcentaje (72 por 100) de no pertenencia a asociaciones.

A medida que desciende la clase social, asciende la no pertenencia a asociaciones, siendo las clases alta o media-alta las que más se implican en organizaciones locales, deportivas, juveniles, ecologistas y, sobre todo, religiosas.

Lo deportivo y las asociaciones de sentido local-re-gional atraen bastante a los jóvenes de primaria y secundaria. Los de bachillerato mantienen relativamente alta su participación en asociaciones religiosas, deportivas y juveniles. Los universitarios, sobre todo del segundo ciclo, abandonan lo deportivo y religioso y se interesan más (9 por 100) por lo cultural, artístico y educativo.

Las comunidades autónomas con mayor asociacionismo son La Rioja, Asturias, Extremadura y Castilla-La Mancha. El absentismo asociacionista se da en Galicia, Cantabria, Baleares, Cataluña y Comunidad Valenciana, lo que no deja de llamar la atención, pues es menor el nivel asociacionista en algunas zonas ricas y desarrolladas en las que cabría esperar mayor capacidad para asociarse. Casi todo depende del nivel de atracción de lo deportivo, como

77

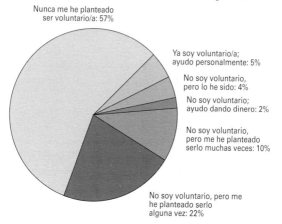

Posibilidad de trabajar como voluntario/a en una organización

Nunca me he planteado
ser voluntario/a: 57%

Ya soy voluntario/a;
ayudo personalmente: 5%

No soy voluntario,
pero lo he sido: 4%

No soy voluntario;
ayudo dando dinero: 2%

No soy voluntario,
pero me he planteado
serlo muchas veces: 10%

No soy voluntario, pero me
he planteado serlo
alguna vez: 22%

puede comprobarse en el cuadro a pie de página:

Considerando el conjunto de asociaciones, apenas ha habido variaciones en las preferencias de los jóvenes. Asociaciones deportivas, grupos juveniles, organizaciones culturales y religiosas siguen siendo las preferidas, aunque lo religioso parece ir declinando.

Analizados los movimientos sociales y su grado de aceptación, exploremos las disposiciones de los jóvenes frente al auge del voluntariado, que representa un espacio interesante para la socialización de los jóvenes españoles. Nos encontramos aquí con que la realidad es más pobre que los deseos. Sólo el 5 por 100 de los jóvenes entre quince y veinticinco años pertenece a alguna organización de voluntariado. No será por escasez de campos de actuación: Organizaciones No Gubernamentales (ONG) y organizaciones de voluntariado en casi todos los campos imaginables, con una gran variedad y flexibilidad de prestaciones, horarios y compromisos. Más bien cabe pensar que los jóvenes

La Rioja	Asturias	Extremadura	Castilla-La Mancha	Galicia	Cantabria	Baleares	Cataluña
% asociación deportiva							
26	27	11	21	3	5	10	14
% no pertenece a ninguna							
38	55	56	57	87	83	77	74

Tabla 10

*Principales tipos de asociaciones a las que pertenecen los
jóvenes españoles, según años (Orden de preferencia)*

1960	Juveniles	Religiosas	Deportivas
1968	Deportivas	Religiosas	Culturales
1975	Deportivas	Culturales	Juveniles
1977	Deportivas	Culturales	Juveniles
1982	Deportivas	Culturales	Religiosas
1984	Deportivas	Culturales	Religiosas
1989	Deportivas	Juveniles	Religiosas Culturales
1994	Deportivas	Culturales Juveniles	Religiosas
1998	Deportivas	Juveniles	Culturales

son reacios a los compromisos sociales, públicos, y menos si son institucionalizados. Razones de tipo histórico, psicosocial, sociológicas y aun personales podrán explicar este hecho.

Al 5 por 100 de voluntarios actuales hay que añadir un 4 por 100 más, que ha sido voluntario alguna vez antes. Los socios que ayudan aportando dinero son muy pocos (2 por 100). Son bastantes (32 por 100) —casi un tercio— los que no participan, aunque se lo han planteado alguna vez (22 por 100) o muchas veces (10 por 100). Aquí se corroboran hallazgos de otros estudios en los que se valora en un 20-30 por 100 el potencial de voluntariado, pero que por diversas causas no se plasma en afiliación concreta. Los chicos son más remisos a sumarse que las chicas.

La participación en el voluntariado sube con la edad, lo que parece lógico, por la mayor libertad y autonomía personales para opciones de ese tipo. La clase social sí tiene aquí su peso: la participación es mayor según se asciende en la clase social, en tanto que, según se desciende de clase social, es mayor el porcentaje de los que no se lo han planteado (47 por 100 vs 65 por 100). Los universitarios, en los primeros años de universidad, colaboran más. Luego, (2.º-3.er ciclos) disminuyen su labor de voluntariado.

Los jóvenes que se identifican con la derecha política participan más en el voluntariado (8 por 100) en comparación con los del centro político (5 por 100) y aun con los jóvenes autoposicionados en la izquierda (6 por 100). Bastantes de ellos, de cualquier ideología, dicen habérselo planteado, pero les cuesta dar el paso. Los creyentes católico-practicantes son los que, en mayor proporción,

79

pertenecen a asociaciones de voluntariado, pero los porcentajes se reducen con el nivel de práctica religiosa. Los increyentes-indiferentes se mantienen en un nivel intermedio de participación. Parados y estudiantes parece que se lo han planteado en mayores porcentajes, sin haber decidido participar. Los que trabajan por cuenta propia son los más propensos a abandonar el voluntariado, por el tipo de trabajo que realizan. En conjunto, el voluntariado no supone hoy un espacio muy importante para la socialización de los jóvenes, dado el escaso número de ellos que lo practican.

4

ALGUNOS LOGROS DE LOS JÓVENES

4.1 Disponibilidades económicas

De la situación económica y de la disponibilidad de dinero de los jóvenes para sus gastos de bolsillo se deducirá, en buena parte, si el proceso de socialización ha estado condicionado o no por lo económico.

De acuerdo con los datos de un estudio anterior, aproximadamente el 69 por 100 de los jóvenes eran económicamente dependientes, y un 31 por 100 eran independientes. La mayoría (52 por 100) de los jóvenes «vivían exclusivamente del dinero que les daban en sus casas», mientras que un 17 por 100 contaban con algunos ingresos propios. Los datos actuales se reflejan en el esquema a pie de página.

Esto significa que, en general, la familia es básica, económicamente, para la mayoría de los jóvenes. Por ello, en buena parte el joven valora positivamente el hogar y no se siente motivado para abandonarlo. La dependencia económica familiar ha ido en aumento en el último lustro. Los jóvenes dependientes son ahora el 74 por 100, frente al 69 por 100 en 1994, mientras los económicamente independientes eran un 31 por 100 y ahora son un 26 por 100. Prácticamente, tres de cada cuatro jóvenes dependen total (60 por 100) o parcialmente (14

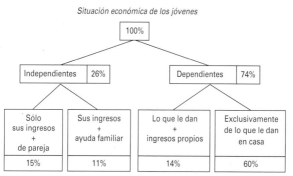

Situación económica de los jóvenes

100%

Independientes 26% — Dependientes 74%

Sólo sus ingresos + de pareja	Sus ingresos + ayuda familiar	Lo que le dan + ingresos propios	Exclusivamente de lo que le dan en casa
15%	11%	14%	60%

por 100) de sus padres o de la economía familiar. Del 15 por 100, aproximadamente, de jóvenes que viven de sus ingresos, un 17 por 100 lo entrega en gran parte a sus padres o a otros familiares, mientras la mayoría (83 por 100) se lo queda para sus gastos.

Para los jóvenes, ganar y tener dinero es algo importante en la vida (media 3,40 sobre 4): sólo familia, trabajo y amigos superan en importancia al dinero. En este punto dicen pensar de manera bastante distinta que sus padres (media 2,08 sobre 4). No hay en esto mayores diferencias. Casi la cuarta parte de los jóvenes (22 por 100) se consideran egoístas, y casi la mitad (46 por 100), consumistas. Vamos, que también para nuestra juventud mantiene plena vigencia el estribillo quevedesco de que *Poderoso caballero*...

En cuanto a las disponibilidades reales, jóvenes de ambos sexos se encuentran mayoritariamente en situación de dependencia familiar. Una gran parte de jóvenes son estudiantes o no han encontrado aún trabajo. Sólo unos pocos son independientes económicamente y disponen de alguna cantidad de dinero. Teniendo esto en cuenta, nos hemos limitado a preguntar por dinero disponible para gastos personales o de bolsillo. El resultado nos

dice que los jóvenes españoles disponen, como media, de 4.241 pesetas semanales para gastos menores. Los extremos están entre las 7.706 pesetas/semana del joven que trabaja por cuenta propia y las 2.890 pesetas/semana de un estudiante. De media, por tanto, un joven dispone de unas 17.000 pesetas/mes para sus gastos menores. Podemos suponer lo que esto plantea a unos padres con tres o más hijos en casa y dependientes.

Esta cantidad semanal, aunque no es exagerada considerando los precios de transportes, espectáculos, bares, etc., tampoco es pequeña, y hace de cada joven un aceptable consumidor. Si tomamos esa media y la multiplicamos por los jóvenes que hay entre esos quince y veinticinco años, veremos que los jóvenes son un segmento de mercado nada despreciable, incluso considerando sus gastos de bolsillo. De ahí la existencia de una industria orientada a productos propios de la juventud.

Las chicas suelen disponer de menor cantidad de dinero semanal. En esto, la igualdad está aún lejos. La edad de los jóvenes marca también las disponibilidades económicas. Los más mayores (veintiuno-veinticinco años) disponen de casi el doble de dinero del que pueden disfrutar los más jóvenes (quince-diecisiete años). Lógicamente, los que cursan primaria o enseñanza secundaria, bachillerato o estudios universitarios, disponen de más dinero según el nivel de sus estudios. Por clase social, no hay grandes diferencias, excepto el caso de la clase media-media, bastante más restrictiva en este tema. En cuatro autonomías, Aragón, Extremadura, Baleares y Navarra, es donde los jóvenes disponen de las mayores cantidades semanales de dinero. Llama la atención que sea en una zona de relevancia económica media, al menos en apariencia, como Aragón, e incluso de más escasa capacidad económica, como Extremadura, donde los jóvenes disponen de mayor cantidad semanal de dinero para sus gastos de bolsillo. Castilla y León y Andalucía son las autonomías más austeras en esto. La misma pauta de austeridad regula la conducta de los católicos practicantes, mientras los no creyentes e indiferentes disponen de más dinero para sus gastos personales. En la medida en que se depende menos de la familia y se actúa básicamente con los recursos propios, se dispone de más dinero para los gastos menores o de bolsillo. Los de centro disponen de menos dinero para la semana. Los de izquierdas, y sobre todo los que se sitúan en la derecha, disponen de más. Y algo lamentablemente lógico: los que más consumen droga (*cannabis*) son los que disponen de más dinero para sus gastos (6.204 pesetas/semana). Los jóvenes españoles disponen de una significativa cantidad de dinero para sus gastos personales de bolsillo. La socialización no está, pues, muy condicionada por las disponibilidades económicas.

4.2 Autosatisfacción

¿Qué grado de satisfacción tienen los jóvenes con sus propias vidas? Se oye decir a veces que tenemos una juventud desarraigada, violenta, triste, errante, etc. Puede que haya algo de esto en los jóvenes (¿y no en los adultos?) e incluso que, en algún segmento juvenil, esos aspectos un tanto negativos sean los que prevalecen. Pero si consideramos las respuestas de los mismos jóvenes, que contrapesan a la vez variados aspectos de sus vivencias, en general podemos afirmar que los jóvenes están mayoritariamente satisfechos. Para el 81 por 100 (ocho de cada diez jóvenes), la vida que llevan les satisface mucho o bastante. Un 14 por 100 se sitúa en términos un tanto pasotistas: simplemente viven y no se plantean problemas de ningún tipo. Sólo el 4 por 100 de los jóvenes está poco o nada contento con la vida que lleva (*Tabla 11*).

Hay una mayoría para quienes la socialización está resultando positiva, si bien casi para dos de cada diez jóvenes sucede lo contrario. Aunque no es un problema general, esa socialización parece ser un problema social en algunos contextos. Por otra parte, si el grado de satisfacción puede ser indicador de una socialización relativamente correcta, también es verdad que no todo lo que procura satisfacción a los jóvenes puede considerarse correcto o válido a la luz de una correcta socialización. Es lo que comprobamos analizando la autoimagen que tienen los jóvenes de sí mismos.

4.3 Libertad alcanzada: uso y valoración

Analizaremos ahora algunos resultados del actual proceso socializador de esta Juventud 2000. ¿Son, se sienten, hoy, los jóvenes libres? ¿Están satisfechos? ¿Cómo ven su propia identidad? Contestar documentadamente a estos interrogantes nos permitirá acercarnos algo a los resultados que se están obteniendo con la socialización en curso.

Comenzando por la sensación que tienen los jóvenes sobre la libertad que disfrutan, puede concluirse que una gran mayoría (69 por 100) considera el nivel de libertad como bastante adecuado; incluso un llamativo 22 por 100 lo considera excesivo, mayor que el que deberían tener. Pero hay un 9 por 100, casi uno de cada diez, que considera escasa la libertad actual.

En conjunto, la socialización actual está consiguiendo que los jóvenes se consideren bastante libres. Donde más echan en falta esa libertad es «para escoger las opciones de trabajo», conscientes del paro laboral que les afecta. En todo lo demás —opciones religiosas, políticas, sexua-

Tabla 11

Nivel de satisfacción de los jóvenes con sus vidas
(En porcentajes)

Estoy muy contento/a con la vida que llevo	35
Estoy bastante contento/a con la vida que llevo	46
Simplemente vivo, no me planteo problemas	14
Estoy poco contento/a con la vida que llevo	3
No estoy nada contento/a con la vida que llevo	1

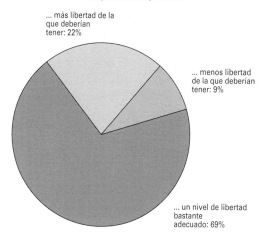

Los jóvenes de hoy tienen...

... más libertad de la que deberían tener: 22%

... menos libertad de la que deberían tener: 9%

... un nivel de libertad bastante adecuado: 69%

les, formas de diversión y de estudio—, hay acuerdo casi pleno de que gozan de gran libertad de elección. La lectura inversa a esta libertad que dicen gozar los jóvenes en tan amplia gama de cosas es considerar si no están desertando demasiado los adultos de

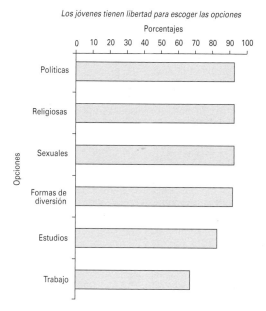

Los jóvenes tienen libertad para escoger las opciones

Porcentajes

Opciones

Políticas

Religiosas

Sexuales

Formas de diversión

Estudios

Trabajo

Tabla 12

Aspectos que pueden suponer limitación a la libertad
(En porcentajes)

	No suponen limitación	Sí suponen limitación	Diferencia
	A	B	A-B
Limitar los espacios de consumo de alcohol (prohibir beber en las calles, parques, plazas, etc.)	65	35	30
Adelantar la hora nocturna de cierre de los establecimientos públicos (bares, pubs, discotecas, etc.)	56	44	12
Controlar más rigurosamente la venta de bebidas alcohólicas a menores de edad	71	29	42
Prohibir fumar en determinados lugares públicos	66	33	33
Que la venta de *cannabis* (marihuana, hachís...) esté penalizada	69	31	38

influir en la juventud a la hora de decidir sobre aspectos básicos de sus vidas. Porcentajes significativos de jóvenes no consideran que sea una limitación a su libertad la adopción de una serie de medidas restrictivas respecto al control de la bebida, fijar la hora de cierre de establecimientos públicos de ocio/diversión, regular el uso del tabaco en lugares públicos o penalizar algunas drogas. Hay, pues, no sólo una sensación de tener libertad, sino también la de que determinadas limitaciones no afectan a esa libertad y de que podrían ser adoptadas. Puede ser síntoma de cierta madurez con miras al empleo de la libertad.

4.4 Cara y cruz de una identidad juvenil

El autojuicio de los jóvenes ofrece una aproximación a los resultados, relativos, del propio proceso de socialización, en el sentido de conocer los logros y las carencias apreciados. Las riquezas o valores y las carencias o contravalores nos indicarán los logros o vacíos que se producen en los jóvenes, en sus identidades, en su integración o rechazo de la sociedad.

Comparando los resultados obtenidos en 1998 con los de estudios anteriores vemos que, en general, ambas imágenes se mantienen muy semejantes. Los jóvenes siguen considerándose

Rasgos que caracterizan la autoimagen de los jóvenes
(Porcentajes)

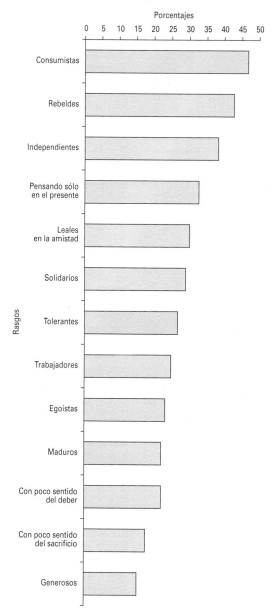

básicamente consumistas, rebeldes e independientes. Esas tres características son seguidas por otras: presentistas (pensando casi sólo en el presente), leales en la amistad, solidarios, tolerantes. Viene luego otra serie de factores positivos y negativos: trabajadores, egoístas, maduros, con poco sentido del deber y de sacrificio. Finalmente, apuntan la generosidad. En ninguna de tales características coincide el 50 por 100, lo que indica dispersión de opiniones y, en definitiva, pluralidad de tipos de jóvenes. Por otra parte, como ya se constató en otros estudios anteriores, los jóvenes no son autocomplacientes consigo mismos; se ven con características positivas, pero también con defectos; son críticos consigo mismos y acusan carencias notables, lo que supone vacíos o fallos en su formación y en su socialización.

Comparativamente con la imagen que tenían de sí mismos hace un lustro, constatamos que consideran que han crecido sobre todo en algunos valores: tolerancia (+9), solidaridad (+3) y madurez (+4), pero que han retrocedido en algún otro, como la generosidad (−4).

Dos características consustanciales con la juventud, como cierto espíritu de rebeldía e independencia, han sufrido un claro retroceso en el porcentaje de jóvenes que las señalan (−8, −17 puntos). En las carencias o contravalores se ha incrementado el porcentaje (21 por 100 *versus* 17 por 100) de jóvenes que se autocalifican como «con poco sentido del deber», manteniéndose (17 por 100) los que se ven «sin sentido de sacrificio». Por el contrario, ahora algunos menos (−5 por 100) se consideran consumistas, y poco más o menos (−1 por 100) lo mismo en cuanto a egoístas.

Considerando los resultados de la autoimagen actual, las chicas se confiesan algo más independientes y, a la par, ligeramente más egoístas que los chicos, que se consideran algo más maduros, trabajadores y generosos que ellas. El consumismo, solidaridad, tolerancia y capacidad de trabajo son contravalores y valores que aumentan con la edad, mientras que, al paso del tiempo, decrecen la rebeldía y la lealtad a la amistad.

Los jóvenes trabajadores destacan algo más su madurez y su capacidad de trabajo, mientras que los de clase baja se ven algo menos como presentistas, leales, solidarios, trabajadores, maduros o generosos. Los jóvenes que se sitúan en la clase media-media se ven algo más consumistas, leales en la amistad, solidarios, tolerantes, con poco sentido del deber y poca capacidad de sacrificio. Finalmente, los que dicen pertenecer a una clase social alta o media-alta se reconocen algo más consumistas, independientes, solidarios, trabajadores, pero con poco sentido del deber y de sacrificio.

BIBLIOGRAFÍA

ADORNO, T. (1972): *Réflexions en vue d'une sociologie de la musique,* Musique en jeu, n.º 7, Le Seuil, Paris.

BLOOM, Alan (1987): *L'âme désarmée. Essai sur le declin de la culture générale,* Ed. Julliard, París.

DIXON, R. D. (1983): *Music in the community, a survey of who is paying attention,* Popular Music and Society, 3, págs. 133-141.

ESCUDERO PEREDA, S. (1993): *Revolución demográfica,* en *Manual de doctrina social de la Iglesia,* BAC, Madrid, págs. 171-186.

FUKUYAMA, F. (1996): *El fin de la historia y el último hombre,* Ed. Planeta-Agostini. Barcelona.

GAFO, J. (1993): *La bioética,* en *Manual de doctrina social de la Iglesia,* BAC, Madrid, págs. 191-209.

GONZÁLEZ-ANLEO, J. (1998): *Discurso inaugural del curso 98/99,* Universidad Pontificia de Salamanca, Salamanca.

GONZÁLEZ BLASCO, P. (1996): *La situación familiar,* capítulo II, en VV. AA.: *Los valores en la Comunidad Autónoma del País Vasco y Navarra. Su evolución 1990-1995,* Servicio General de Publicaciones, Gobierno Vasco, págs. 71-89, Vitoria-Gasteiz.

GONZÁLEZ BLASCO, P., y CUADRÓN, A. A. (1993): *Familia, mujer, jóvenes y ancianos,* en *Manual de doctrina social de la Iglesia,* BAC, Madrid, págs. 277 a 300.

GONZÁLEZ BLASCO, P., y GUTIÉRREZ RESA, A. (1997): *La opinión pública ante el Voluntariado,* Consejería de Educación y Cultura, Comunidad de Madrid, Madrid.

GREEN, A. M. (1986): *Les adolescents et la musique,* Éditions E. A. P., Issy-les-moulineaux.

GREEN, A. M. (1993): *De la musique en sociolige,* Issy-les-Moulineaux.

GREEN, A. M. (1997): *Des jeunes et des musiques. Rock, Rap, Techno...,* Éd. L'Harmattan, París.

LEVICES MALLO, J. J., y SERRANO PASCUAL, A. (1993): *Estructura social y estructura musical,* en *RIS,* n.º 6 (3.ª época), CSIC, Madrid.

LÓPEZ IBOR, J. J. (1984): *Libro de la vida sexual,* Ed. Océano, Barcelona.

LULL, J. (1982): *Popular music, resistence to a new-wave,* en *Journal of communication,* n.º 32, págs. 121-131.

MAFFESOLI, M. (1990): *Le temps des tribus,* Klincksieck,

París, 1988. (Tr. esp.: *El tiempo de las tribus,* Madrid, Icaria).

MARCUSE, H. (1984): *El hombre unidimensional,* Barcelona, Ariel.

McLEOD, J. M., y BROWN, J. D. (1976): *The family environment and adolescent television use,* en R. BROWN, *Children and television,* Sage Public, Beverly Hills.

MORIN, E. (1966): *Adolescents in transition,* en *Revue Française de Sociologie,* VII.

PARSONS, T. (1955): *Age et sexe dans la société américaine: Éléments pour une sociologie de l'action,* Plon, Paris.

PÉREZ DÍAZ, Víctor (1987): *El retorno de la sociedad civil,* Ed. Inst. Estudios Económicos, Madrid.

RIESMAN, D. (1950): *Listening to popular music,* en *American Quarterly,* n.° 2, págs. 359-371.

RÍOS MARTÍN, J. C. (1997): *La noche de los jóvenes, ¿moda o rebeldía?,* en *Sal Terrae,* tomo 85/11, n.° 1.007, dic., pág. 877.

ROBLES, R. (1993): *El día que murió el acid-house,* en *Ajoblanco,* n.° 49, Barcelona.

RODRÍGUEZ MORATÓ, A. (1998): *Sociología de la música,* en *Diccionario de Sociología,* de GINER, S.; LAMO DE ESPINOSA, E., y TORRES, C., Alianza Editorial, Madrid.

SANSONE, L. (1988): *Tendencias en blanco y negro: punk y rastafarismo,* en Rev. *Estudios de Juventud,* Inst. Juventud, Madrid.

VV. AA. (1982, 1986): *Juventud española 1962-1982* y *'86,* Fundación Santa María-Ediciones SM, Madrid.

VV. AA. (1989, 1994): *Jóvenes españoles '89,* Fundación Santa María-Ediciones SM, Madrid.

WEBER, Max (1921/1958): *The Rational and Social Foundations of Music,* Carbondale, Southern Illinois University Press.

COLECCIÓN FLASH